내신공략! 독해공략!

내공

중학영어독해

입문 **1**

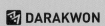
DARAKWON

내공 중학영어독해 **입문 ❶**

지은이 Sean Murray, 김유영
펴낸이 정규도
펴낸곳 (주)다락원

초판 1쇄 발행 2016년 10월 10일
초판 11쇄 발행 2024년 11월 5일

편집 서정아, 서민정
디자인 더페이지(www.bythepage.com)
영문 감수 Michael A. Putlack

다락원 경기도 파주시 문발로 211
내용문의 (02)736-2031 내선 503
구입문의 (02)736-2031 내선 250~252
Fax (02)732-2037
출판등록 1977년 9월 16일 제 406-2008-000007호

ISBN 978-89-277-0784-4 54740
      978-89-277-0783-7 54740 (set)

http://www.darakwon.co.kr
다락원 홈페이지를 방문하시면 상세한 출판정보와 함께
동영상강좌, MP3자료 등 다양한 어학 정보를 얻으실 수 있습니다.

Photo Credits
pp. 52, 58, 62, 64
(Felix Lipov, Dutourdumonde Photography, Olga Popova,
cristiano barni / Shutterstock.com)

내신공략! 독해공략!

내공

중학영어독해

입문 **1**

DARAKWON

구성 및 특징

Environment | 143 words |

32 The Great Green Wall

Q
What comes to
your mind when
you think of the
Sahara Desert?

The Sahara Desert spreads about 5 to 15 kilometers every year. This is
a big problem. Africans need food, but food does not grow well in the
desert. However, the Great Green Wall may help Africans. The idea is
to plant trees across the Sahara Desert.

A British forest expert came up with the idea in 1952. Then,
the idea started to become popular in 2005. Eleven African countries
started building a wall of trees. _____, one country, Senegal,
planted trees for 150 kilometers. That was more than 12 million trees.
The good news is that they can already see improvement.
More than 30 million *hectares of land are now good for farming.

The African countries plan to build a
540-kilometer wall. They hope the Sahara
will stop getting bigger because of the wall.
It is quite a huge project, isn't it?

*hectare 헥타르 (땅의 면적단위)

GRAMMAR in Textbooks

▶ **부가의문문**: 상대방에게 확인이나 동의를 구하기 위해 문장 뒤에 덧붙여지는 의문문이며, 긍정문 뒤에는
부정의 부가의문문이, 부정문 뒤에는 긍정의 부가의문문이 온다.
Seoul is a big city, **isn't it?** 서울은 큰 도시야, 그렇지 않니?
You can play the piano, **can't you?** 너는 피아노를 연주할 수 있지, 그렇지 않니?
Tom doesn't eat onions, **does he?** Tom은 양파를 안 먹어, 그렇지?

Before Reading

Unit 08
Words & Phrases

1 글에 따르면, the Great Green Wall의 주된 목적은?

① 홍수 방지   ② 사막화 방지
③ 기후 변화 방지   ④ 물 공급원 증대
⑤ 미세 먼지 감소

2 글의 빈칸에 들어갈 말로 가장 알맞은 것은?

① Instead   ② However   ③ In addition
④ For example   ⑤ In other words

3 According to the passage, which is NOT true about the Great Green Wall?

① It is to plant a wall of trees.
② The idea first appeared in 1952.
③ Ten countries are building the wall.
④ Senegal is a member in the project.
⑤ It is helping African people.

서술형

4 글의 내용과 일치하도록 다음 질문에 답하시오.

Q: Why is the spread of the Sahara Desert a big problem?
A: Because _____
_____

Expand Your Knowledge

바다 사막화

사막화는 비단 육지에서만 일어나는 문제가 아니다. 바다 사막화는 산호들이 죽은 후 석회질로 쌓여 나타나는 현상이다. 바다 밑바닥이 하얗게 변해서 백화현상이라고도 한다. 바다 사막화가 진행되면 해조류가 사라진다. 물고기들이 해조류를 먹고 살기 때문에 해양 생태계에서 해조류는 매우 중요하다. 바다 사막화의 가장 큰 원인은 환경 오염과 지구온난화로 인한 해수온 상승으로 보인다. 바다 사막화를 막기 위해서 해조류를 이식한 인공 어초 등을 심어 바다 숲을 조성하는 노력이 이루어지고 있다.

☑ **Summary** Use the words in the box to fill in the blanks.

trees	growing	farming	Great Green Wall

The Sahara Desert is _____. Some African countries are planting a wall of _____ to stop it. This project is called the _____. Now, a lot more land can be used for _____. Yet they will keep trying until they build a 540-kilometer wall.

지문 이해도 확인

주제 찾기, 세부사항 파악, 추론 등 지문의 이해도를 높여주는 독해 문제와 내신 대비 서술형 문제가 수록되어 있습니다. 지문마다 4~5문제가 출제되며, 지문에 따라 Summary 문제가 수록되어 있습니다.

● **지문 QR코드**
QR코드를 스캔만 하면 해당 지문의 MP3 파일을 바로 들어볼 수 있습니다. 스마트 기기에 QR코드 인식앱을 설치한 후 사용하세요.

● **Expand Your Knowledge**
지문과 관련된 배경지식과 상식을 넓힐 수 있습니다.

After Reading

focus On Sentences

Workbook   Final Test

Unit별 주요 구문 복습

독해 지문에서 해석이 어렵거나 독해에 필요한 중요 구문만을 뽑아 복습할 수 있도록 정리했습니다.

Workbook
Unit별 중요 어휘, 문법, 구문을 다양한 문제와 새로운 예문을 통해 복습할 수 있습니다.

내신 대비 Final Test(온라인 부가자료)
Unit별 어휘, 문법, 독해 지문을 학교 내신 기출 유형으로 풀어볼 수 있습니다. 시험을 보는 기분으로 문제를 풀어보세요.

목차

내공 중학영어독해
내신 교과 과정 문법 연계표

입문 1·2

		입문 1	교과 과정	입문 2	교과 과정
Unit 01		조동사 can	중1	주격보어로 쓰인 to부정사	중1, 중3
		There is/are	중1	접속사 because	중1
Unit 02		감각동사	중1	주어로 쓰인 동명사	중1, 중2
		비인칭주어 it	중1	enjoy+-ing	중1, 중2
Unit 03		현재진행형	중1	to부정사의 부사적 용법	중1, 중2
		명령문	중1	-thing/body/one+형용사	중2
Unit 04		조동사 will	중1	수여동사	중1
		조동사 may	중1	one ~ the other …	중1, 중2
Unit 05		과거 시제	중1	조동사 should	중1, 중2
		시간의 전치사	중1	call/name+A+B	중2
Unit 06		조동사 must	중1	have to/don't have to	중1, 중2
		make+목적어+형용사	중1, 중2	비교급+than	중1, 중2
Unit 07		want+to부정사	중1	the+최상급	중1, 중2
		접속사 when	중1	접속사 that	중1, 중2
Unit 08		빈도부사	중1	It ~ to부정사	중2
		부가의문문	중1, 중2	과거진행형	중2

Unit 01

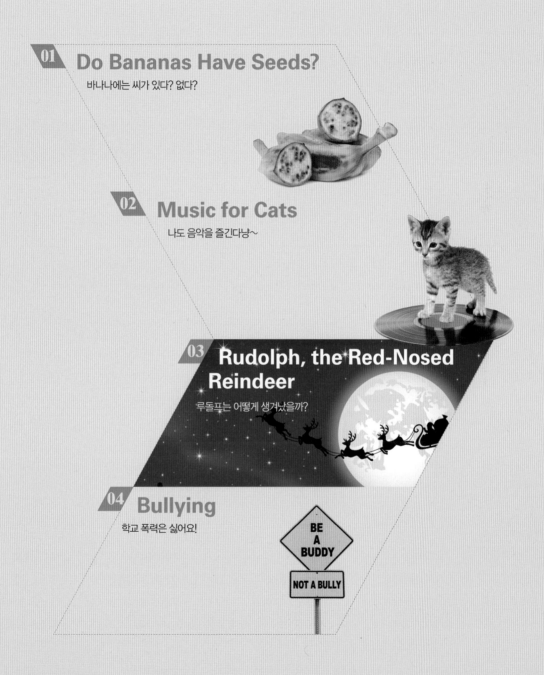

BE
A
BUDDY

NOT A BULLY

GRAMMAR
in
Textbooks

· 조동사 can
Now cats **can** listen to their own kind of music.

· There is/are
There are some mean kids at school.

Unit 01
Words & Phrases ❯ 중요 단어/숙어 미리 보기

01
Do Bananas Have Seeds?

• seed	명 씨, 씨앗	• scientist	명 과학자
• slice	통 얇게 썰다	• hard	형 힘든; *단단한
• dot	명 점	• special	형 특별한
• different from	~와 다른	• move	통 옮기다
• wild	형 야생의	• plant	명 식물 통 심다
• natural	형 자연의	• that way	그런 식으로
• grow	통 자라다; 재배하다		

02
Music for Cats

• listen to	~을 듣다	• certain	형 특정한
• human	명 인간 형 인간의	• researcher	명 연구원
• choice	명 선택	• imagine	통 상상하다
• enjoy	통 즐기다	• for the first time	처음으로
• composer	명 작곡가	• pleasant	형 즐거운, 좋은

03
Rudolph, the Red-Nosed Reindeer

• remind A of B	A에게 B를 떠올리게 하다	• instant	형 즉각적인
• probably	부 아마도	• success	명 성공
• department store	명 백화점	• give out	나누어 주다
• give away	무료로 주다	• copy	명 (책·신문 등의) 한 부
• storybook	명 이야기책, 동화책	• appear	통 나타나다
• friendly	형 친근한	• famous	형 유명한
• shiny	형 빛나는		

04
Bullying

• mean	형 못된	• scared	형 무서운
• laugh at	~을 비웃다	• depressed	형 우울한
• make fun of	~을 놀리다	• lead to	~로 이어지다
• trip	통 (발을 걸어) 넘어뜨리다	• mental	형 정신적인
• push sb down	~을 밀어 뜨리다	• fault	명 잘못
• bully	통 괴롭히다, 왕따시키다	• blame	통 비난하다
• terrible	형 끔찍한	• alone	형 부 혼자
• face	명 얼굴 통 *직면하다	• afraid	형 두려운
• cause	통 야기하다	• ask for help	도움을 청하다

영어는 우리말로, 우리말은 영어로 쓰시오. ▶단어/숙어 기본 연습

1	씨, 씨앗	s_____		21	certain	_____
2	storybook	_____		22	즐기다	e_____
3	특별한	s_____		23	shiny	_____
4	terrible	_____		24	자연의	n_____
5	야생의	w_____		25	mental	_____
6	인간; 인간의	h_____		26	slice	_____
7	friendly	_____		27	못된	m_____
8	식물; 심다	p_____		28	grow	_____
9	옮기다	m_____		29	instant	_____
10	bully	_____		30	imagine	_____
11	choice	_____		31	appear	_____
12	과학자	s_____		32	힘든; 단단한	h_____
13	혼자	a_____		33	cause	_____
14	famous	_____		34	얼굴; 직면하다	f_____
15	성공	s_____		35	fault	_____
16	composer	_____		36	scared	_____
17	researcher	_____		37	depressed	_____
18	백화점	d_____		38	copy	_____
19	dot	_____		39	blame	_____
20	pleasant	_____		40	afraid	_____

우리말과 같도록 빈칸에 알맞은 말을 쓰시오. ▶문장 속 숙어 확인

1 American English is _____ _____ British English.
  미국 영어는 영국 영어와 다르다.

2 I _____ _____ music when I study. 나는 공부할 때 음악을 듣는다.

3 Mike visited Paris _____ _____ _____ _____
  .in 2010. Mike는 2010년에 파리를 처음으로 방문했다.

4 They often _____ _____ _____ one of my classmates.
  그들은 종종 나의 반 친구들 중 한 명을 놀린다.

5 We need to _____ _____ _____. 우리는 도움을 청해야 해.

01 Do Bananas Have Seeds?

Do you know
any fruit without
seeds?

Do bananas have seeds? Yes, they do. When you slice a banana, the little black dots in the middle are the seeds. But they look very different from the seeds in wild bananas. Do you know why?

The bananas in stores are not really natural. They are grown by fruit companies. (A) These seeds are difficult for people to eat. (B) So scientists make these bananas easy to eat. (C) Wild bananas have large, hard seeds. They use special *chemicals to make the seeds small. Those are the little seeds you see when you eat a banana.

New bananas do not grow from these small, black seeds. So how do new bananas grow? They grow on young banana plants. These plants can be moved and planted elsewhere. That way, new banana trees can grow.

*chemical 화학물질

1 글의 제목으로 가장 알맞은 것은?

① Fruits without Seeds

② Different Types of Bananas

③ Growing Banana Trees at Home

④ Why Banana Seeds Are So Small

⑤ Bananas: the World's Favorite Fruit

2 글에 따르면, 바나나를 개량한 이유는?

① 먹기 불편해서　　　　　　　② 가격이 비싸서

③ 건강에 해로워서　　　　　　④ 병충해에 약해서

⑤ 소량만 재배되어서

3 (A)~(C)를 글의 흐름에 알맞게 배열한 것은?

① (A)-(B)-(C)　　　　　　② (B)-(C)-(A)

③ (B)-(A)-(C)　　　　　　④ (C)-(B)-(A)

⑤ (C)-(A)-(B)

※　서술형

4 글의 내용과 일치하도록 다음 질문에 답하시오.

Q: How are wild bananas different from new bananas?

A: They have ＿＿＿＿＿＿＿＿＿＿＿＿＿＿＿＿＿＿＿＿ .

※　서술형

5 다음 빈칸에 알맞은 단어를 글에서 찾아 쓰시오.

> New bananas do not grow from ＿＿＿＿＿＿ ,
> but they grow on ＿＿＿＿＿ ＿＿＿＿＿
> ＿＿＿＿＿ .

02 Music for Cats

Do you think animals can enjoy music?

For hundreds of years, cats only listened to human music. They had no choice. Did they enjoy the music? No one knows because no one asked them. Now cats can listen to their own kind of music. A classical music composer named David Teie made an album just for cats.

David worked with scientists to make the music. He learned that cats like certain sounds around them. _____, they like the sounds of birds and the sounds of their mothers. David used those sounds in his music. Researchers found that David's music made cats very happy.

Now cats can listen to music they like. David says, "Imagine hearing music for the first time. That's how your cat will feel." David's music will help cats have happier, richer lives. And don't worry. The music is very pleasant for humans, too!

5

10

15

GRAMMAR in Textbooks

3행 ▶ can + 동사원형: ~할 수 있다 (능력, 가능)
I **can** answer this question. 나는 이 질문에 답할 수 있다.
James **cannot** go to the party tonight. James는 오늘밤 파티에 갈 수 없다.

1 What is the passage mainly about?

① The science of music
② Music that cats can enjoy
③ Some of cats' favorite things
④ How to reduce your cat's stress
⑤ How cats and people are different

2 밑줄 친 their own kind of music에 관한 글의 내용과 일치하지 <u>않는</u> 것은?

① David Teie가 만들었다.
② 과학자들이 도와 만들었다.
③ 새와 고양이의 소리가 사용되었다.
④ 고양이들이 행복한 삶을 살도록 돕는다.
⑤ 사람들이 듣기에 좋지 않다.

3 글의 빈칸에 들어갈 말로 가장 알맞은 것은?

① Finally   ② Instead   ③ However
④ In addition   ⑤ For example

※ 서술형
4 Find the word in the passage which has the given meaning.

_____ : a person who writes music

✔ *Summary* **Use the words in the box to fill in the blanks.**

sounds	music	scientists	pleasant

David Teie wrote _____ for cats. He worked with _____ to find
the _____ cats liked. Then, he used those sounds in his music. Now cats
can enjoy _____ music and have happier lives!

What comes to your mind when you think of Christmas?

What does the name Santa Claus remind you of? Most people will probably say Rudolph. However, do you know that Rudolph was _____? 5

Montgomery Ward was a large department store in Chicago. Every Christmas, the store gave away storybooks for children. In 1939, the store manager wanted a worker, ⓐ Robert May, to write a children's book. At first, ⓑ he thought of a story about a *moose. Then, ⓒ he changed the animal to a *reindeer because he thought a reindeer was friendlier. ⓓ He thought about calling the reindeer Rollo or Reginald but decided to call ⓔ him Rudolph instead. He also gave 10 Rudolph a shiny red nose.

The book was an instant success. Montgomery Ward gave out 2.5 million copies of the book. Many more books, songs, TV shows, and toys about Rudolph soon appeared. There was even a movie about Rudolph. Now, Rudolph is the most famous reindeer in the world! 15

*moose 무스(북미산 큰사슴)
*reindeer 순록

1 글의 빈칸에 들어갈 말로 가장 알맞은 것은?

① a marketing idea

② a popular Christmas toy

③ a character in a TV show

④ the name of a real animal

⑤ the name of a department store

2 Rudolph에 관한 글의 내용과 일치하지 <u>않는</u> 것은?

① Robert May에 의해 만들어졌다.

② 어린이를 위한 책에서 처음 등장했다.

③ Rollo는 Rudolph의 애칭이다.

④ 빨갛고 빛나는 코를 가졌다.

⑤ Rudolph에 관한 영화가 제작되기도 했다.

3 글의 밑줄 친 ⓐ~ⓔ 중, 가리키는 대상이 나머지 넷과 <u>다른</u> 것은?

①ⓐ   ②ⓑ   ③ⓒ   ④ⓓ   ⑤ⓔ

※ 서술형

4 글의 내용과 일치하도록 다음 질문에 답하시오.

Q: Why did Robert May change a moose to a reindeer?

A: Because _____

04 Bullying

Do you think bullying is a big problem at your school?

Dear Amy

I'm really unhappy these days. There are some mean kids at school. They always laugh at me and make fun of me. Sometimes they trip me or push me down. I don't want to go to school anymore. What should I do?

Chris

Dear Chris

I'm sorry to hear about your situation. Bullying is a terrible problem that many students face at school. Nearly 25% of students are bullied at school every day. (a) It can cause them to become sad, scared, and depressed. This can lead to mental problems later in life.

 If you are being bullied, here is what you can do. First, remember it is not your fault. You do not need to blame yourself. Next, try to get help from teachers or counselors. There are many people you can talk to about your problem. Remember that you are not alone. Do not be afraid to ask for help.

Good Luck

Amy

GRAMMAR in Textbooks

2행 ▶ There is/are + 명사: ~이 있다

 There is a new movie at the cinema this weekend. 이번 주말 극장에 새 영화가 있다.
 There are thirty students in my class. 우리 반에는 30명의 학생들이 있다.

1   What is Amy mainly talking about?

① How to deal with bullying

② Types of bullying in school

③ Tips for making new friends

④ Causes and effects of bullying

⑤ Where to get help for bullying

2   bullying에 관한 글의 내용과 일치하면 T, 그렇지 않으면 F를 쓰시오.

(1) 절반 이상의 학생들이 괴롭힘을 당한다. _____

(2) 나중에 정신적인 문제로 이어질 수 있다. _____

3   다음 중 Amy의 충고를 가장 잘 따르는 사람은?

① Paul tries to stay home from school.

② John joins in bullying other students.

③ Ryan blames himself for his problem.

④ Rachel lets her teacher know her problem.

⑤ Andy asks his mom to move to another city.

서술형

4   글의 밑줄 친 (a) It이 의미하는 내용을 우리말로 쓰시오.

_____

focus On Sentences › 중요 문장 다시 보기

A 다음 문장을 밑줄 친 부분에 유의하여 우리말로 해석하시오.

1 These seeds are difficult <u>for people to eat</u>.

_____

2 A classical music composer <u>named</u> David Teie made an album just for cats.

_____

3 What does the name Santa Clause <u>remind</u> you <u>of</u>?

_____

4 <u>There are</u> some mean kids at school.

_____

B 우리말과 같은 뜻이 되도록 주어진 말을 바르게 배열하시오.

1 그들은 그 씨들을 작게 만들기 위해 특별한 화학물질을 사용한다.

They use special chemicals _____.
(seeds, small, make, to, the)

2 그는 또한 Rudolph에게 빛나는 빨간 코를 주었다.

He also _____.
(red, Rudolph, a, shiny, gave, nose)

3 괴롭힘은 학교에서 많은 학생들이 직면한 끔찍한 문제이다.

Bullying is a terrible problem that _____.
(many, at, face, students, school)

C 우리말과 같은 뜻이 되도록 빈칸에 알맞은 말을 쓰시오.

1 그것들은 야생 바나나의 씨들과 매우 달라 보인다.

They look very _____ _____ the seeds in wild bananas.

2 이제 고양이들은 그들이 좋아하는 음악을 들을 수 있다.

Now cats _____ _____ _____ music they like.

3 그들은 항상 나를 비웃고 놀린다.

They always _____ _____ me and _____
_____ _____ me.

Unit **02**

GRAMMAR
in
Textbooks

· 감각동사
Your dog may **look smart.**

· 비인칭주어 it
It was cold and dark in the forest.

05
Mt. Everest

•measure	동 측정하다	•figure	명 수치
•carefully	부 주의 깊게	•perfect	형 완벽한
•scientific	형 과학적인	•add A to B	A를 B에 더하다
•method	명 방법	•extra	형 추가의
•height	명 높이	•report	동 보고하다
•exactly	부 정확히	•official	형 공식적인
•result	명 결과		

06
Moscow Dogs

•stray	형 길 잃은, 주인 없는	•get off	~에서 내리다
•subway	명 지하철	•announcer	명 아나운서, 방송원
•station	명 역	•voice	명 목소리
•wait for	~을 기다리다	•amazing	형 놀라운
•get on	~에 타다	•skill	명 기술
•seat	명 좌석, 자리	•smart	형 똑똑한, 영리한
•stop	명 정거장	•survive	동 살아남다

07
Teabags

•teabag	명 티백	•sample	명 샘플, 견본품
•leaf	명 잎, 잎사귀	•customer	명 고객
•pour	동 붓다	•string	명 끈, 줄
•come up with	~을 생각해내다[떠올리다]	•tag	명 꼬리표
•salesman	동 판매원	•take A out of B	A를 B에서 꺼내다
•increase	동 증가시키다	•entire	형 전체의
•sale	명 판매	•thanks to	~ 덕분에
•send	동 보내다		

08
The Lost Man

•lost	형 길을 잃은	•electric pole	명 전봇대
•woods	명 숲 (= forest)	•cut down	베다, 자르다
•northern	형 북부의, 북쪽의	•rescue	동 구조하다
•contact	동 연락하다	•true	형 사실인
•dark	형 어두운	•several	형 여럿의
•make a fire	불을 피우다	•save	동 구하다
•axe	명 도끼	•quickly	부 빨리

영어는 우리말로, 우리말은 영어로 쓰시오. ▶ 단어/숙어 기본 연습

1	주의 깊게	c_____	21	판매	s_____
2	measure	_____	22	subway	_____
3	보고하다	r_____	23	pour	_____
4	result	_____	24	보내다	s_____
5	높이	h_____	25	method	_____
6	figure	_____	26	exactly	_____
7	완벽한	p_____	27	꼬리표	t_____
8	stray	_____	28	scientific	_____
9	contact	_____	29	amazing	_____
10	extra	_____	30	survive	_____
11	station	_____	31	lost	_____
12	좌석, 자리	s_____	32	quickly	_____
13	skill	_____	33	판매원	s_____
14	목소리	v_____	34	어두운	d_____
15	rescue	_____	35	도끼	a_____
16	official	_____	36	사실인	t_____
17	잎, 잎사귀	l_____	37	woods	_____
18	increase	_____	38	announcer	_____
19	고객	c_____	39	불을 피우다	m_____
20	string	_____	40	come up with	_____

우리말과 같도록 빈칸에 알맞은 말을 쓰시오. ▶ 문장 속 숙어 확인

1 Why didn't you _____ _____ me? 왜 나를 기다리지 않았어?

2 Please _____ the cake _____ _____ the oven.
케이크를 오븐에서 좀 꺼내줘.

3 _____ _____ Jackson, I could finish my homework.
Jackson 덕분에 나는 숙제를 끝마칠 수 있었다.

4 My brother and I _____ _____ the tree in the front yard.
형과 나는 앞마당의 나무를 베었다.

5 Please _____ _____ the bus after people _____ _____.
사람들이 내린 후 버스에 타세요.

What is the
highest mountain
in your country?

In 1856, a group of British *surveyors wanted to know how high Mt. Everest was. They measured the mountain carefully with scientific methods. They found the height of the mountain was exactly 29,000 feet.

However, the head of the group, Andrew Waugh, was not happy with this result. He thought the figure was too perfect. He did not think people would believe the mountain was exactly 29,000 feet high. So he decided to add two extra feet to the mountain. Then, he reported that the height of Mt. Everest was _____ feet.

Nowadays, some American surveyors say 그 산은 높이가 29,035피트이다. But the official height of Mt. Everest is 29,029 feet. This figure was found by some people from India in 1955. However, the world used Waugh's measurement for over one hundred years.

*surveyor 측량사

1 What is the passage mainly about?

① The height of Mt. Everest
② Who first climbed Mt. Everest
③ The highest mountain in the world
④ Why Mt. Everest is so difficult to climb
⑤ How to measure the height of a mountain

2 글의 빈칸에 들어갈 숫자로 가장 알맞은 것은?

① 28,998　　　　② 29,000　　　　③ 29,002
④ 29,029　　　　⑤ 29,035

3 Mr. Everest에 관한 글의 내용과 일치하면 T, 그렇지 않으면 F를 쓰시오.

(1) 산의 공식 높이는 29,035피트이다. _____

(2) 산의 공식 높이는 인도 사람들에 의해 측량되었다. _____

서술형
4 글의 밑줄 친 this result가 의미하는 내용을 우리말로 쓰시오.

_____

서술형
5 밑줄 친 우리말과 같은 뜻이 되도록 주어진 단어를 바르게 배열하시오.

(the, 29,035, mountain, feet, height, in, is)

_____

06 Moscow Dogs

Q

What animals do you think are very smart?

The lives of stray dogs are very _____ in Moscow. They must survive in cold weather every day. Some of Moscow's stray dogs know the best way to do this. They use the city's subway system.

5

These dogs take the escalators down to a station and wait for a train. ① Then, they get on the train and even go to sleep on the seats. ② When they hear their stop, they get off the train. ③ They listen to the announcer's voice. ④ They know the sound of their stop! ⑤ It's an amazing skill.

10

Your dog may look smart. But some stray dogs in Moscow are really smart. The reason is that only the smartest dogs survive. So Moscow dogs are getting smarter and smarter all the time. Soon, they may learn to drive the trains!

GRAMMAR in Textbooks

11행 ▶ look(sound, feel, smell, taste) + 형용사: ~하게 보이다(들리다, 느끼다, 냄새 나다, 맛이 나다)
He doesn't **look** good today. 그는 오늘 좋아 보이지 않는다.
The orange **tastes** sour. 그 오렌지는 신맛이 난다.

1 글의 제목으로 가장 알맞은 것은?

① How to Help Stray Dogs
② Smart Stray Dogs in Moscow
③ Tips for Using Moscow Subway
④ Ways to Make Your Dog Smarter
⑤ Problems Caused by Stray Animals

2 글의 빈칸에 들어갈 말로 가장 알맞은 것은?

① safe   ② easy   ③ boring
④ exciting   ⑤ difficult

3 다음 문장이 들어갈 위치로 가장 알맞은 것은?

> How do the dogs know their stop?

①   ②   ③   ④   ⑤

서술형

4 글의 내용과 일치하도록 다음 질문에 답하시오.

Q: How do Moscow's stray dogs survive in cold weather?

A: They use _____.

07 Teabags

What invention do you think has made our lives easier?

A teabag is a small bag with tea leaves in it.

To make tea, you put it in a cup and pour hot water over the tea. Do you ever wonder who came up with that idea? You can thank Thomas Sullivan for that.

Thomas Sullivan was a tea salesman from New York. To increase sales, he sent small samples to his customers in little silk bags. Each bag had a string, and the string had a tag with his company's name on it. But the customers did not take the tea leaves out of the bags to make their tea. Instead, they just put the entire bag into hot water. They thought (a) it was an easier way to make the tea.

Soon, his customers wanted more tea in bags. So he started making better teabags for his tea. Thanks to him, now people can more easily enjoy their tea.

1 글의 제목으로 가장 알맞은 것은?

① Ways to Enjoy a Cup of Tea
② How the Teabag Was Invented
③ How to Make Tea with Teabags
④ Health Benefits of Drinking Tea
⑤ Things You Can Do with Teabags

2 글을 읽고 Thomas Sullivan에 관해 답할 수 <u>없는</u> 질문은?

① What did he sell?
② Where did he come from?
③ What was his company's name?
④ What did he do to increase sales?
⑤ Why did he start to make tea bags?

※ 서술형

3 글의 밑줄 친 (a) <u>it</u>이 의미하는 내용을 우리말로 쓰시오.

_____

※ 서술형

4 다음 영영 뜻풀이에 해당하는 단어를 글에서 찾아 쓰시오.

_____ : someone who buys goods or services

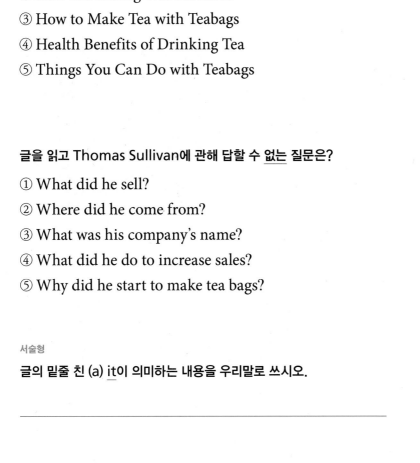

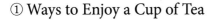

08 The Lost Man

Have you ever
gotten lost?

A man got lost in the woods in
northern Canada. He had no
cell phone and could not contact
anyone in the outside world. It
was cold and dark in the forest.
He had no food, no water, and no
way to make a fire.

5

(a) The man did have one thing though. (b) He had an axe.
(c) He could also see some electric poles. (d) He decided to cut down
the electric poles. (e) An electric pole is also called a *utility pole. He
knew that if he <u>did that</u>, power company workers would come to see
what the problem was. He thought that he could be
rescued then.

10

This is a true story. In 2010, a man got lost in
the woods and cut down some electric poles. He was
soon rescued by power company workers. Several
towns lost power for a day, but the man saved his
own life by _____.

15

*utility pole 전신주

GRAMMAR in Textbooks

4행 ▶ 비인칭주어 it: 특정한 주어가 없는 시간, 날짜, 요일, 계절, 날씨, 명암 등을 말할 때 주어로 it을 사용한다.
이때 it은 '그것'이라고 해석하지 않는다.
It's very dark here. Let's turn on the lights. 여긴 너무 어두워. 불을 켜자.
A: What time is **it**? B: **It**'s only 8:30. A: 몇 시야? B: 8시 30분밖에 안됐어.

1   What is the best title for the passage?

① Life in Northern Canada

② The Dangers of Electric Poles

③ A Man Who Rescued Himself

④ Things You Need in the Woods

⑤ How Electric Poles Are Repaired

2   글의 (a)~(e) 중, 전체 흐름과 관계 <u>없는</u> 문장은?

① (a)   ② (b)   ③ (c)   ④ (d)   ⑤ (e)

3   글의 빈칸에 들어갈 말로 가장 알맞은 것은?

① helping others   ② thinking quickly

③ waiting patiently   ④ calling the police

⑤ crying out for help

서술형

4   밑줄 친 <u>did that</u>이 의미하는 것을 글에서 찾아 영어로 쓰시오. (5단어)

_____

✔ *Summary*   **Write the numbers in the correct order.**

The Lost Man

• There was no one to help him.   _____

• A man got lost in the woods.   _____

• Finally, power company workers came and rescued him.   _____

• But he found some electric poles and cut them down with an axe.   _____

focus On Sentences

A   다음 문장을 밑줄 친 부분에 유의하여 우리말로 해석하시오.

1   In 1856, a group of British surveyors wanted to know <u>how high Mt. Everest was</u>.

    _____

2   Some of Moscow's stray dogs know the best way <u>to do this</u>.

    _____

3   But the customers did not <u>take</u> the tea leaves <u>out of</u> the bags to make their tea.

    _____

4   The man saved his own life <u>by thinking quickly</u>.

    _____

B   우리말과 같은 뜻이 되도록 주어진 말을 바르게 배열하시오.

1   모스크바의 개들은 계속해서 점점 더 똑똑해지고 있다.

    Moscow dogs _____ all the time.
        (smarter, smarter, getting, and, are)

2   판매를 증가시키기 위해, 그는 고객들에게 소량의 견본을 작은 실크 봉지에 담아 보냈다.

    To increase sales, he _____ in little silk bags.
        (customers, samples, sent, small, to, his)

3   숲 속은 춥고 어두웠다.

    _____ in the forest.
        (cold, dark, it, and, was)

C   우리말과 같은 뜻이 되도록 빈칸에 알맞은 말을 쓰시오.

1   그는 그 산에 추가로 2피트를 더하기로 결심했다.

    He decided to _____ two extra feet _____ the mountain.

2   당신의 개는 똑똑해 보일지도 모른다.

    Your dog may _____ _____.

3   그 덕분에, 이제 사람들은 차를 더 쉽게 즐길 수 있다.

    _____ _____ _____, now people can more easily enjoy
    their tea.

Unit 03

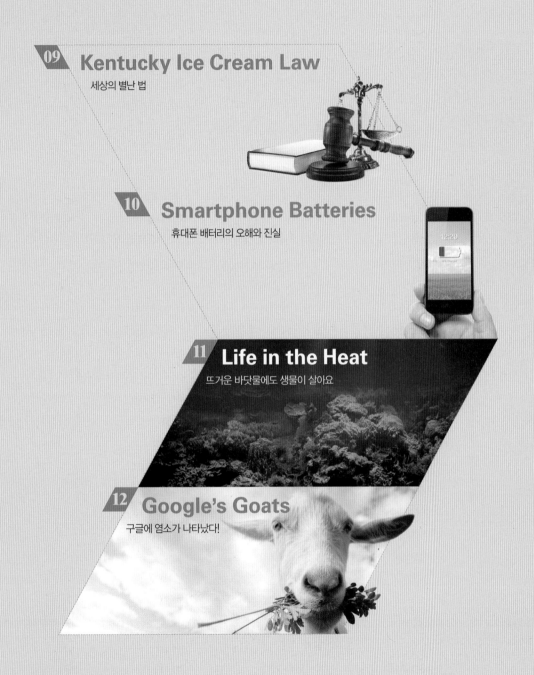

GRAMMAR
in
Textbooks

- 현재진행형
  One myth is not to use your phone while it **is charging**.
- 명령문
  Do the right thing.

09
Kentucky
Ice Cream
Law

• strange	📒 이상한	• winning	📒 우승한
• law	📘 법	• worth	📒 ~의 가치가 있는
• illegal	📒 불법의	• common	📒 흔한
• carry	📗 가지고 다니다	• steal	📗 훔치다
• silly	📒 바보 같은	• follow	📗 따라가다
• race	📘 경주, 시합	• make sense	이치에 맞다
• expensive	📒 비싼		

10
Smartphone
Batteries

• make a call	전화를 걸다	• get shocked	감전되다
• suddenly	📙 갑자기	• charger	📘 충전기
• happen	📗 일어나다, 발생하다	• overnight	📙 밤새
• all the time	항상	• damage	📗 손상시키다
• myth	📘 신화; *잘못된 통념	• tip	📘 조언
• charge	📗 충전하다	• improve	📗 향상시키다
• explode	📗 폭발하다	• research	📗 조사하다

11
Life
in the Heat

• boiling	📒 끓는	• creature	📘 생물
• hole	📘 구멍	• clam	📘 조개
• bottom	📘 밑바닥	• crab	📘 게
• ocean	📘 바다	• sunlight	📘 햇빛
• flow	📗 흐르다	• reach	📗 도달하다
• temperature	📘 온도	• bacteria	📘 박테리아, 세균
• almost	📙 거의	• harsh	📒 혹독한
• degree	📘 (온도 단위) 도		

12
Google's
Goats

• motto	📘 모토, 좌우명	• instead of	~ 대신에
• harm	📗 해치다	• goat	📘 염소
• environment	📘 환경	• rent	📗 빌리다
• grass	📘 풀, 잔디	• stay	📗 머무르다
• lawnmower	📘 잔디 깎는 기계	• cost	📗 비용이 들다
• smoke	📘 연기	• solution	📘 해결책
• keep -ing	계속 ~하다	• delicious	📒 맛있는

영어는 우리말로, 우리말은 영어로 쓰시오. ▶단어/숙어 기본 연습

1 이상한	s_____	
2 illegal	_____	
3 boiling	_____	
4 hole	_____	
5 법	l_____	
6 bottom	_____	
7 race	_____	
8 common	_____	
9 훔치다	s_____	
10 가지고 다니다	c_____	
11 temperature	_____	
12 happen	_____	
13 charge	_____	
14 거의	a_____	
15 creature	_____	
16 rent	_____	
17 worth	_____	
18 따라가다	f_____	
19 silly	_____	
20 잔디 깎는 기계	l_____	

21 winning	_____
22 염소	g_____
23 suddenly	_____
24 sunlight	_____
25 expensive	_____
26 overnight	_____
27 harm	_____
28 흐르다	f_____
29 improve	_____
30 research	_____
31 reach	_____
32 (온도 단위) 도	d_____
33 explode	_____
34 harsh	_____
35 환경	e_____
36 damage	_____
37 myth	_____
38 해결책	s_____
39 cost	_____
40 연기	s_____

우리말과 같도록 빈칸에 알맞은 말을 쓰시오. ▶문장 속 숙어 확인

1 I feel tired _____ _____ _____. 나는 항상 피곤함을 느낀다.

2 Can I use your phone to _____ _____ _____ to my mother? 엄마에게 전화를 걸 수 있도록 네 전화기 좀 써도 될까?

3 _____ _____ coffee, I'll have tea. 커피 대신에, 차를 마실게요.

4 Why do you _____ _____ at me? 왜 나를 계속 쳐다보는 거야?

5 This sentence doesn't _____ _____ at all. 이 문장은 전혀 이치에 맞지 않아.

09 Kentucky Ice Cream Law

Q Are there any strange laws in your country?

There is <u>a strange law</u> in Kentucky. It is illegal to carry an ice cream cone in your back pocket. This law seems silly now. However, there was an important reason for it.

The Kentucky Derby is a famous horse race in Kentucky. Race horses are very expensive animals. A winning horse is worth thousands or even millions of dollars. So horse stealing was common in the 19th century.

To steal a horse, a person put ice cream in his back pocket. ① Then, the horse just followed the person home. ② The police could not do anything about it. ③ The person could just say, "I didn't steal the horse. It followed me home!" ④ After that, people could not carry ice cream in their back pockets. ⑤

Laws like this seem strange to us today. At the time, though, they often

_____ .

5

10

15

1 글에 따르면, 밑줄 친 a strange law가 생긴 이유는?

① 켄터키 주에 말이 많아서
② 켄터키 주에 범죄가 많아서
③ 경주마들의 가격이 너무 비싸서
④ 경주마를 훔친 사람의 처벌이 어려워서
⑤ 켄터키 경마 대회의 인기가 너무 많아서

2 다음 문장이 들어갈 위치로 가장 알맞은 곳은?

> So Kentucky made a law.

①   ②   ③   ④   ⑤

3 글의 빈칸에 들어갈 말로 가장 알맞은 것은?

① did not work well
② protected animals
③ made a lot of sense
④ took a lot of money
⑤ had some side effects

서술형

4 사람들이 뒷주머니에 아이스크림을 넣은 이유를 우리말로 쓰시오.

_____

서술형

5 Find the word in the passage which has the given meaning.

_____ : not allowed by the law

10 Smartphone Batteries

How often do you charge your smartphone?

Battery life is important these days. Sometimes while you are making a call, the battery suddenly dies. Or you plan to make a call, but your battery is at 1%. This happens all the time.

5

There are some myths about smartphone batteries. One myth is not to use your phone while it is charging. People think the phone may explode or you may get shocked. However, that is not true. Reports say you will be fine if you use the right charger.

10

Another myth is not to charge your phone overnight. People say it will damage the battery. This is also not true. Your phone is quite "_____." ⓐ It knows to stop charging when it is full.

Remember that there are a lot of good tips for improving your battery life. However, there are also a lot of myths. You should research ⓑ them first.

15

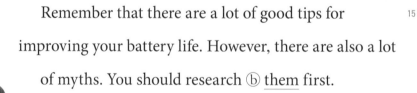

GRAMMAR in Textbooks

3행 ▶ 현재진행형(am/are/is + -ing): ~하는 중이다, ~하고 있다
Jenny **is making** apple pie right now. Jenny는 지금 애플파이를 만들고 있다.
They **are playing** tennis at the gym. 그들은 체육관에서 테니스를 치고 있다.

1   What is the title for the passage?

① Common Smartphone Problems

② How to Charge Your Smartphone

③ Tips for Longer Phone Battery Life

④ Untruths about Smartphone Batteries

⑤ The Importance of Phone Battery Life

2   휴대전화 배터리에 관한 글의 내용과 일치하면 T, 그렇지 않으면 F를 쓰시오.

(1) 충전 중에 휴대전화를 사용해서는 안 된다.   _____

(2) 밤새 휴대전화를 충전해도 괜찮다.   _____

3   글의 빈칸에 들어갈 말로 가장 알맞은 것은?

① large   ② smart   ③ simple

④ unique   ⑤ expensive

서술형

4   글의 밑줄 친 ⓐ와 ⓑ가 가리키는 것을 찾아 쓰시오.

ⓐ _____   ⓑ _____

✔ *Summary* **Use the words in the box to fill in the blanks.**

myths	overnight	charging	true

Many people think you should not use your phone while it is _____.
They also say that you should not charge your phone _____. These are
not _____. You should do some research and not just believe these
_____.

11 Life in the Heat

Where would be
the extreme places
on the Earth?

Can you imagine living in boiling water? Probably not. However, animals live in some of the planet's hottest places.

There are <u>holes</u> at the bottom of the ocean. Hot water flows out of these holes. The temperature around the holes is almost 100 degrees Celsius. Even so, many forms of life can be found near these holes. The most common creatures are *tube worms and clams. Crabs and shrimp also live there.

It's very dark, and sunlight never reaches these holes. How do the creatures find food then? The water flowing from the holes has a lot of bacteria. Tube worms and clams get energy from these bacteria. Then, the crabs and shrimp eat the smaller animals.

The bottom of the ocean is one of the harshest places in the world. Yet lots of plants and animals live there. These creatures show us that _____.

*tube worm 관벌레

1 글의 주제로 가장 알맞은 것은?

① 해양 동물의 종류

② 바닷속 탐험 즐기기

③ 지구상의 극한 환경들

④ 태양이 생물에 미치는 영향

⑤ 고온의 심해저에 사는 생물들

2 밑줄 친 holes에 관한 글의 내용과 일치하지 <u>않는</u> 것은?

① 뜨거운 물이 흘러 나온다.

② 주변 온도가 섭씨 100도 가까이 된다.

③ 주변에 생물들이 살고 있다.

④ 햇빛이 전혀 들어오지 않는다.

⑤ 온도가 높아 세균이 살 수 없다.

3 글의 빈칸에 들어갈 말로 가장 알맞은 것은?

① life is very short in the ocean

② life can survive almost anywhere

③ the ocean is a dangerous place to live

④ all living things need sunlight to survive

⑤ we do not know anything about our planet

※ 서술형

4 다음 먹이사슬에서 빈칸에 들어갈 알맞은 말을 글에서 찾아 쓰시오.

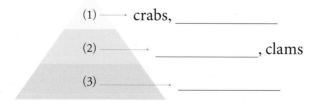

(1) ⸺ crabs, _____

(2) ⸺ _____, clams

(3) ⸺ _____

Expand Your Knowledge

극한 환경에서 사는 생물들

지구 환경은 대부분 생물이 살아가기에 적합한 조건을 가지고 있지만, 때로는 지구의 극단적인 환경에 적응하며 살아가는 생물들도 있다. 이들 중에는 100°C 이상의 뜨거운 물에서 사는 생물도 있고, 바닷물의 10배 이상의 염도를 가진 곳에서 살아가는 생물도 있으며, 방사능 오염 지역에서 사는 생물들도 있다. 오늘날 이러한 생물들에 대한 연구는 매우 활발하다. 그 이유는 지구 생명체의 기원이나 우주의 극한 환경에 존재할지도 모르는 생물체가 생명을 유지하는 원리를 예측할 수 있게 도와주기 때문이다.

12 Google's Goats

How can a company help the environment?

The motto of Google is "Do the right thing." A big part of this is not to harm the environment. Google does this in a very interesting and fun way. Google's *headquarters has a lot of grass all around it. In fact, lawnmowers use a lot of gas. They also put a lot of smoke into the air. If people keep using them, it will harm the environment. So how can Google have nice grass without harming the environment?

Instead of using lawnmowers, they use goats. They rent the goats from a company called California Grazing. The goats stay at Google headquarters and eat the grass. The goats help the environment. _____, they cost the same as lawnmowers.

This is a perfect solution. Google does not harm the environment. The rental company makes money. The goats eat a lot of delicious grass. Everyone gets what they want!

*headquarters 본사

GRAMMAR in Textbooks

1행 ▶ 명령문: 명령, 지시를 하는 문장은 주어 없이 동사원형으로 시작한다.
부정명령문은 'Don't+동사원형'으로 시작한다.
Take bus number 46 to Main Street. Main까지 46번 버스를 타세요.
Be careful! The floor is wet. 조심해! 바닥이 젖어 있어.
Don't worry. Everything is fine. 걱정 마. 모든 게 괜찮아.

1   What is the passage mainly about?

① A new kind of technology
② Different types of lawnmowers
③ Problems with the environment
④ The importance of a company motto
⑤ A creative way to help the environment

2   글에서 구글이 도입한 방식의 장점으로 언급된 것은? (2개)

① 비용이 더 저렴하다.
② 환경 보호에 도움이 된다.
③ 잔디를 빠르게 정리할 수 있다.
④ 다른 회사에 경제적 도움을 준다.
⑤ 마케팅에 유리하다.

3   글의 빈칸에 들어갈 말로 가장 알맞은 것은?

① So   ② However   ③ In addition
④ For example   ⑤ In other words

※ 서술형

4   다음 빈칸에 알맞은 단어를 글에서 찾아 쓰시오.

> To help the environment, Google uses _____ instead of _____ .

focus On Sentences ❯ 중요 문장 다시 보기

A 다음 문장을 밑줄 친 부분에 유의하여 우리말로 해석하시오.

1 <u>To steal a horse</u>, a person put ice cream in his back pocket.

_____

2 One myth is not to use your phone <u>while it is charging</u>.

_____

3 The water <u>flowing from the holes</u> has a lot of bacteria.

_____

4 Everyone gets <u>what they want</u>!

_____

B 우리말과 같은 뜻이 되도록 주어진 말을 바르게 배열하시오.

1 이와 같은 법들은 오늘날 우리에게 이상해 보인다.

_____ to us today.
(strange, like, seem, laws, this)

2 관벌레와 조개류는 이 세균들로부터 에너지를 얻는다.

Tube worms and clams _____.
(bacteria, from, get, these, energy)

3 구글은 어떻게 환경을 해치지 않고 멋진 잔디를 가질 수 있을까?

How can Google have nice grass _____?
(harming, environment, without, the)

C 우리말과 같은 뜻이 되도록 빈칸에 알맞은 말을 쓰시오.

1 당신은 전화를 걸 계획이지만, 배터리가 1퍼센트만 있다.

You plan to _____ _____ _____, but your battery is at 1%.

2 만약 사람들이 그것들을 계속 사용한다면 환경을 해칠 것이다.

If people _____ _____ them, it will harm the environment.

3 잔디 깎는 기계를 사용하는 대신에, 그들은 염소를 이용한다.

_____ _____ using lawnmowers, they use goats.

Unit 04

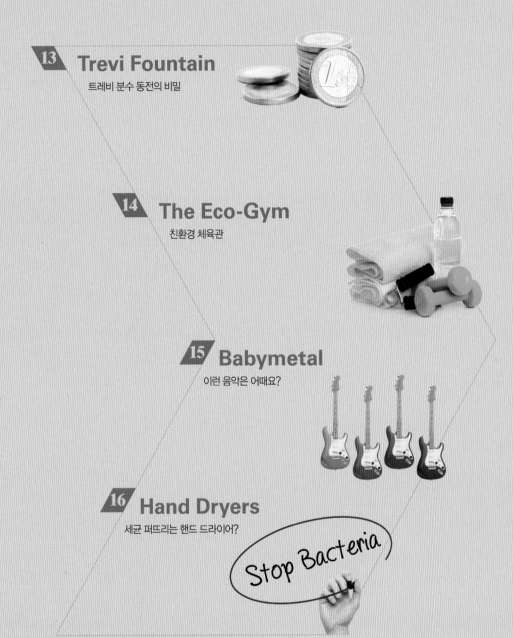

Stop Bacteria

GRAMMAR in Textbooks

· 조동사 will
They **will** have a huge impact on energy use in the future.

· 조동사 may
You **may** think paper towels are safer than hand dryers.

13
Trevi
Fountain

•throw	동 던지다	•tourist	명 관광객
•coin	명 동전	•visit	동 방문하다
•fountain	명 분수	•legend	명 전설
•popular	형 인기 있는	•return	동 돌아오다[가다]
•tradition	명 전통	•actually	부 실제로
•wish	명 소원	•cheap	형 (값이) 싼
•come true	이루어지다		

14
The Eco-Gym

•gym	명 체육관	•electricity	명 전기
•work out	운동하다 (= exercise)	•power	동 동력을 공급하다
•offer	동 제공하다	•give back	돌려주다
•interesting	형 흥미로운	•pay	동 지불하다
•save	동 절약하다	•less	형 더 적은 (little - less - least)
•at the same time	동시에	•motivate	동 동기를 부여하다
•possible	형 가능한	•have a huge impact on	~에 큰 영향을 주다
•machine	명 기계		
•movement	명 움직임, 동작		

15
Babymetal

•change one's mind	생각을 바꾸다	•incredible	형 엄청난
•teenage	형 십대의	•serious	형 진지한
•concert	명 연주회, 콘서트	•scary	형 무서운
•flag	명 깃발	•worry	명 걱정
•costume	명 의상, 복장	•stand up for oneself	자립하다
•stage	명 무대		

16
Hand Dryers

•public	형 공공의	•go away	사라지다
•restroom	명 화장실	•either	부 (부정문에서) 또한
•safe	형 안전한	•agree	동 동의하다
•inside	전 ~ 안에	•important	형 중요한
•press	동 누르다	•dry	동 말리다
•spray	동 뿌리다	•both A and B	A와 B 둘 다
•far	부 멀리	•wash	동 씻다
•through	전 ~을 통해		

A 영어는 우리말로, 우리말은 영어로 쓰시오. ▶단어/숙어 기본 연습

1	fountain	_____
2	동전	c_____
3	machine	_____
4	소원	w_____
5	throw	_____
6	legend	_____
7	return	_____
8	far	_____
9	관광객	t_____
10	cheap	_____
11	possible	_____
12	체육관	g_____
13	scary	_____
14	movement	_____
15	electricity	_____
16	절약하다	s_____
17	지불하다	p_____
18	serious	_____
19	public	_____
20	offer	_____

21	inside	_____
22	중요한	_____
23	restroom	_____
24	방문하다	v_____
25	spray	_____
26	press	_____
27	agree	_____
28	actually	_____
29	깃발	f_____
30	teenage	_____
31	무대	s_____
32	tradition	_____
33	안전한	s_____
34	interesting	_____
35	motivate	_____
36	incredible	_____
37	말리다	d_____
38	popular	_____
39	씻다	w_____
40	go away	_____

B 우리말과 같도록 빈칸에 알맞은 말을 쓰시오. ▶문장 속 숙어 확인

1 They _____ _____ at the gym every day. 그들은 매일 체육관에서 운동을 한다.

2 I try hard to make my dream _____ _____.
나는 내 꿈을 이루기 위해 열심히 노력한다.

3 The teacher will _____ our tests _____ on Monday.
선생님은 우리 시험지를 월요일에 돌려줄 것이다.

4 You shouldn't eat food and talk _____ _____ _____
_____. 넌 음식을 먹으면서 동시에 말하지 말아야 한다.

5 _____ Tom _____ Mike are good at sports. Tom과 Mike 둘 다 운동을 잘한다.

13 Trevi Fountain

Have you ever
thrown a coin into
a fountain?

Throwing coins into fountains is a popular tradition in Western culture. People throw coins into fountains and hope their wishes come true.

The Trevi Fountain in Rome is one of the most famous fountains in the world. Every year, millions of tourists visit there. Legend says ⁵ that if you throw a coin into the fountain, you will return to Rome. So you can see many coins in the fountain. Actually, people throw 3,000 euros into the fountain every day.

Many people do not know that the city uses this money to help the poor, though. To <u>do this</u>, the city opened a supermarket for them ¹⁰ in 2008. The food in the supermarket is very cheap, so poor people can buy it easily. So when people throw coins in the fountain, they are also helping the poor. On your next visit to Rome, how about throwing an extra coin or two?

1 글의 주제로 가장 알맞은 것은?

① The history of Trevi Fountain

② The tourist attractions in Rome

③ Why people throw coins into fountains

④ The most beautiful fountains in the world

⑤ What happens to the coins in the Trevi Fountain

2 글에 따르면, 사람들이 트레비 분수에 동전을 던지는 이유는?

① 건강을 기원하기 위해

② 입장료를 대신하기 위해

③ 로마에 다시 오고 싶어서

④ 사랑이 이루어지길 바래서

⑤ 부자가 된다는 속설 때문에

※ 서술형

3 Find the word in the passage which has the given meaning.

_____ : an old story about famous people and events
in the past

※ 서술형

4 밑줄 친 <u>do this</u>가 의미하는 것을 글에서 찾아 영어로 쓰시오. (3단어)

_____

Expand Your
Knowledge

트레비 분수

트레비 분수는 1732년에서 1762년까지 30년에 걸쳐 완공되었다. 디자인을 맡을 사람을 찾기 위해 개최한 공모전에 로마 출신 건축가인 니콜라 살비가 지원했으나, 라이벌인 피렌체의 건축가 알레산드로 갈릴레이에게 지고 말았다. 그러나 로마의 건축물은 로마 사람이 만들어야 한다는 대중의 요구에 결국 살비가 디자인을 맡게 되었다. 분수가 위치한 곳이 세 갈래 길이 만나는 곳이어서 삼거리를 뜻하는 이탈리아어 '트레비아(trevia)'에서 그 이름을 따왔다.

14 The Eco-Gym

Do you go to the gym to work out?

Gyms use a lot of energy and can sometimes be expensive to work out at. However, an eco-gym offers its customers an interesting plan. Its members can save energy and money at the same time. How is (a) this possible?

The gym has special exercise machines. When people use them, the movement of their bodies turns a motor that creates electricity. Then, this electricity powers the gym. So the gym saves money on electricity. _____, the gym gives the savings back to its customers. If people work out more, they can pay less money on membership. This motivates them to exercise harder.

An eco-gym is a great idea. It helps the environment by saving energy. It can also save people money. There are only three eco-gyms

in the United States right now. But if they become popular, they will have a huge impact on energy use in the future.

5

10

15

GRAMMAR in Textbooks

15행 ▶ will + 동사원형: 미래의 일을 예측할 때 쓰이며, '~할 것이다'로 해석한다. will은 be going to로도 대신할 수 있다.

The weatherman says it **will** rain tomorrow. 기상 예보관은 내일 비가 올 거라고 말했다.
= The weather man says it **is going to** rain tomorrow.

cf. 사전에 미리 계획된 미래일 경우에는 be going to를 쓴다.

We **are going to** move into a new house next week. 우리는 다음 주에 새 집으로 이사를 갈 것이다.

1 What is the passage mainly about?

① How to stay healthy
② Tips for saving energy
③ A gym that is eco-friendly
④ The popularity of eco-gyms
⑤ The benefits of working out at a gym

2 글의 빈칸에 들어갈 말로 가장 알맞은 것은?

① However   ② In addition   ③ For example
④ In other words   ⑤ On the other hand

3 글에서 eco-gym의 장점으로 언급되지 <u>않은</u> 것은?

① 에너지를 절약한다.   ② 운동할 동기를 부여한다.
③ 회비를 아낄 수 있다.   ④ 환경에 도움이 된다.
⑤ 전문 트레이너가 있다.

⁂ 서술형

4 글의 밑줄 친 (a) this가 의미하는 내용을 우리말로 쓰시오.

_____

☑ *Summary* **Write the numbers in the correct order.**

How an Eco-Gym Works

• A motor produces electricity.   _____

• People use special exercise machines.   _____

• The electricity powers the gym.   _____

• The gym saves money on electricity.   _____

15 Babymetal

What kind of music do you like?

Most people think that heavy metal is dark and angry music, but one group from Japan is changing people's minds. The group of three teenage girls is called Babymetal, and they are very popular there.

In fact, their concerts are like those of other metal groups. The group uses fire and flags, and usually wears red and black costumes. When they sing, they run crazily around on the stage, jump, and 10 dance. The energy at these concerts is incredible. And the girls look very serious on stage.

① However, Babymetal does not sing about dark, scary things. ② The girls sing about common worries for teenage girls. ③ They 15 also sing about being strong and standing up for themselves. ④ Babymetal shows that metal music can make you feel good about yourself. ⑤

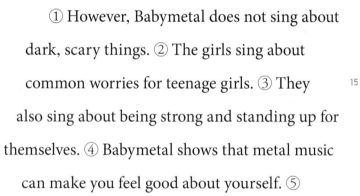

1 글의 주제로 가장 알맞은 것은?

① Popular music among teens
② Common worries of teenage girls
③ Various kinds of music in the world
④ The popularity of heavy metal music
⑤ A new type of heavy metal group in Japan

2 글에서 Babymetal에 관해 언급되지 <u>않은</u> 것은?

① 음악 장르   ② 인원수   ③ 공연 모습
④ 의상   ⑤ 노래 제목

3 Where would the following sentence best fit?

> These are good messages for young people.

①   ②   ③   ④   ⑤

※ 서술형

4 Find the word in the passage which has the given meaning.

_____ : liked by a lot of people

※ 서술형

5 글의 내용과 일치하도록 다음 질문에 답하시오.

Q: What makes Babymetal different from other metal groups?
A: The group does not _____.

16 Hand Dryers

How often do you wash your hands?

Hand dryers are very common in public restrooms. However, hand dryers are not very

_____.

5

Hand dryers have a lot of bacteria inside them. When you press the button, bacteria fly out. One hand dryer sprays out 500 percents more bacteria than a paper towel has.

There is more, too. (a) Hand dryers can spray bacteria quite far. (b) Some bacteria are good for our bodies. (c) Studies show that bacteria from hand dryers fly over one meter through the air. (d) The bacteria don't go away quickly, either. (e) Fifteen minutes later, the bacteria are still around.

10

Stop Bacteria

Because of these facts, you may think paper towels are safer than hand dryers. Some scientists do not agree, though. ⓐ They say it is not very important how you dry your hands. 종이 타월과 핸드 드라이어 둘 다 괜찮다. The more important thing is how well you wash ⓑ them.

15

GRAMMAR in Textbooks

14행 ▶ may + 동사원형: ~일지도 모른다 (추측)

The rumor **may** be true. 그 소문은 사실일지도 모른다.

He **may not** come to the party. 그는 그 파티에 오지 않을지도 모른다.

1 글의 빈칸에 들어갈 말로 가장 알맞은 것은?

① clean and safe
② strong enough to dry
③ good for the environment
④ cheaper than paper towels
⑤ common in some countries

2 글의 (a)~(e) 중, 전체 흐름과 관계 <u>없는</u> 문장은?

① (a)   ② (b)   ③ (c)   ④ (d)   ⑤ (e)

3 이 글에 이어질 수 있는 내용으로 가장 알맞은 것은?

① 공중 화장실 에티켓
② 겨울철 질병 예방법
③ 올바른 손 씻기 방법
④ 핸드 드라이어 사용법
⑤ 종이 타월을 사용해야 하는 이유

※　서술형

4 밑줄 친 우리말과 같은 뜻이 되도록 주어진 단어를 바르게 배열하시오.

(paper towels, both, hand dryers, and, okay, are)

_____

※　서술형

5 글의 밑줄 친 ⓐ와 ⓑ가 가리키는 것을 찾아 쓰시오.

ⓐ _____   ⓑ _____

focus On Sentences

A   다음 문장을 밑줄 친 부분에 유의하여 우리말로 해석하시오.

1   <u>Throwing coins into fountains</u> is a popular tradition in Western culture.

_____

2   The movement of their bodies turns a motor <u>that creates electricity</u>.

_____

3   Babymetal shows that metal music can <u>make you feel good</u> about yourself.

_____

4   The bacteria don't go away quickly, <u>either</u>.

_____

B   우리말과 같은 뜻이 되도록 주어진 말을 바르게 배열하시오.

1   다음 번 로마를 방문할 때에는, 동전 한두 닢을 더 던져보는 것은 어떨까?

On your next visit to Rome, _____ ?
                                           (how, throwing, about, or, coin, an, extra, two)

2   이것은 그들이 더 열심히 운동하도록 동기를 부여한다.

This _____ .
            (them, exercise, to, motivates, harder)

3   더 중요한 것은 당신이 그것들을 얼마나 잘 씻는 가이다.

The more important thing is _____ .
                                        (you, wash, well, how, them)

C   우리말과 같은 뜻이 되도록 빈칸에 알맞은 말을 쓰시오.

1   사람들은 분수에 동전을 던지고 자신들의 소원이 이루어지길 희망한다.

People throw coins into fountains and hope their wishes _____

_____ .

2   만약 그것들이 인기를 얻게 된다면, 장차 에너지 사용에 큰 영향을 줄 것이다.

If they become popular, they will _____ _____ _____

_____ _____ energy use in the future.

3   종이 타월과 핸드 드라이어 둘 다 괜찮다.

_____ paper towels _____ hand dryers are okay.

Unit 05

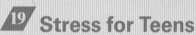

GRAMMAR
in
Textbooks

· 과거 시제
The history of makeup **began** a very long time ago.
· 시간의 전치사
It played at a big hotel **on** September 27, 1922.

17
Turkish Vending Machines

• vending machine	명 자판기	• in return	그 대가로
• create	동 창조하다	• pet	명 애완동물
• empty	형 비어 있는	• fall	동 떨어지다
• bottle	명 병	• tray	명 쟁반
• simple	형 간단한	• recycle	동 재활용하다
• bring	동 가져오다	• feed	동 먹이를 주다
• throw away	버리다	• homeless	형 집 없는

18
The History of Makeup

• nowadays	부 요즘에는	• powder	명 가루
• makeup	명 화장	• fingernail	명 손톱
• modern	형 현대의	• egg white	명 달걀 흰자
• habit	명 습관	• possibility	명 가능성
• begin	동 시작하다	• discover	동 발견하다
• ago	부 ~ 전에	• early	형 초기의 부 일찍
• ancient	형 고대의	• color	동 *색칠하다 명 색

19
Stress for Teens

• adult	명 성인	• strongly	부 강하게
• stressful	형 스트레스가 많은	• manage	동 관리하다
• make money	돈을 벌다	• act	동 행동하다
• take care of	~을 돌보다	• poor	형 가난한; *좋지 못한
• according to	~에 따르면	• decision	명 결정
• brain	명 뇌	• respond	동 대답하다; *대응하다
• fully	부 완전히	• cope with	~에 대처하다, 극복하다
• sensitive	형 민감한		

20
3D Movies

• come out	나오다, 개봉하다	• play	동 상영되다
• big hit	대히트, 대성공	• audience	명 관객
• surprisingly	부 놀랍게도	• piece	명 조각; 작품
• producer	명 (영화·연극의) 제작자	• glasses	명 안경
• try to	~하려고 노력하다	• real	형 실제의
• film	명 영화 (= movie)		

1	act	_____	21	adult	_____
2	create	_____	22	vending machine	_____
3	begin	_____	23	단순한	s_____
4	비어 있는	e_____	24	bring	_____
5	재활용하다	r_____	25	병	b_____
6	pet	_____	26	strongly	_____
7	feed	_____	27	뇌	b_____
8	surprisingly	_____	28	집 없는	h_____
9	modern	_____	29	습관	h_____
10	stressful	_____	30	discover	_____
11	decision	_____	31	fully	_____
12	nowadays	_____	32	쟁반	t_____
13	sensitive	_____	33	가난한; 좋지 못한	p_____
14	관리하다	m_____	34	respond	_____
15	초기의; 일찍	_____	35	가루	p_____
16	떨어지다	f_____	36	fingernail	_____
17	film	_____	37	possibility	_____
18	ago	_____	38	audience	_____
19	안경	g_____	39	실제의	r_____
20	ancient	_____	40	cope with	_____

B 우리말과 같도록 빈칸에 알맞은 말을 쓰시오. ▶문장 속 숙어 확인

1 Don't _____ _____ trash on the beach. 해변에 쓰레기를 버리지 마시오.

2 I always _____ _____ be honest. 나는 항상 정직하려고 노력한다.

3 My favorite actor's movie will _____ _____ next week.
내가 가장 좋아하는 배우의 영화가 다음 주에 나올 것이다.

4 I usually _____ _____ _____ my little sister while my
parents are working. 부모님께서 일하시는 동안에 나는 주로 내 여동생을 돌본다.

5 _____ _____ him, the rumor is not true. 그의 말에 따르면, 그 소문은 사실이 아니다.

17 Turkish Vending Machines

What do you usually buy from vending machines?

Vending machines usually take money and give out snacks and sodas. However, a company in Turkey has created a new kind of vending machine called Pugedon. It takes empty plastic bottles and cans. It also gives food to stray dogs and cats.

The machine is simple to use. (A) Next, just put them into the machine. (B) In return, pet food falls into the tray at the bottom of the machine. (C) Bring your plastic bottles and cans instead of throwing them away. Then, dogs and cats can open a small plastic door and get the food.

(a) <u>This is a truly great idea.</u> People recycle more because they want to feed the animals. In addition, it gives food to stray animals. Many people love homeless animals. So now they have a new way to help these animals.

1 What is the best title for the passage?

① The Importance of Recycling

② Different Types of Vending Machines

③ Things You Can Buy from Vending Machines

④ Pugedon: A Wonderful Idea for Stray Animals

⑤ Pugedon: A Perfect Vending Machine for Pet Owners

2 Pugedon에 관한 글의 내용과 일치하는 것을 모두 고르시오.

① 돈을 넣지 않는다.

② 사용 방법이 복잡하다.

③ 터키 회사에 의해 개발되었다.

④ 동물들에게 먹이를 제공한다.

⑤ 동물들이 직접 사용할 수 있다.

3 (A)~(C)를 글의 흐름에 알맞게 배열한 것은?

① (A)-(B)-(C)   ② (B)-(C)-(A)

③ (B)-(A)-(C)   ④ (C)-(A)-(B)

⑤ (C)-(B)-(A)

서술형

4 글에서 밑줄 친 (a)와 같이 말한 이유 2가지를 우리말로 쓰시오.

_____

Expand Your **Knowledge**

최초의 자판기

세계 최초의 자판기는 언제 어디서 사용되었을까? 역사에 기록된 가장 오래된 자판기는 기원전 215년에 '성수(聖水)'를 팔았다고 한다. 이집트 알렉산드리아 신전에 설치되었던 이 기계는 지렛대의 원리로 만들어졌다. 고대 그리스의 동전인 드라크마를 기계에 올려 놓으면 그 무게로 물통의 구멍이 열리면서 성수가 흘러나왔다. 이때부터 인류의 무인 판매기에 대한 관심이 시작되었다고 할 수 있다.

✔ *Summary* **Use the words in the box to fill in the blanks.**

vending machine	recycle	plastic bottles	stray animals

A company in Turkey made a new _____. This vending machine takes _____ and gives food to _____. That way, people can _____ more and help stray animals at the same time.

18 The History of Makeup

Do you know when people started wearing makeup?

Nowadays, women often wear makeup before they go outside. Do you think this is a modern habit? In fact, the history of makeup began a very long time ago.

The ancient Egyptians used skin creams made from olive oil. They also used eyeliner made from a black powder called kohl. In ancient Rome, people used special creams to get whiter skin. Around five thousand years ago in China, people painted their fingernails with egg white as *nail polish. Japanese women wore lipstick and face paint hundreds of years ago, too.

But another study found an even more interesting possibility. Scientists discovered pencils made of red *pigments in Africa. They think early humans used these pencils to color their faces about 100,000 years ago. It seems makeup _____ after all.

5

10

15

*nail polish 손톱 광택제
*pigment 안료, 색소

GRAMMAR in Textbooks

3행 ▶ 과거 시제: 과거 사실에 대해 말할 때는 동사의 과거형(-ed)을 사용한다. 과거 시제는 ago, yesterday, last 등 명백한 과거 시점을 나타내는 어구와 함께 자주 쓰인다.
I **was** in New York last week. 나는 지난주에 뉴욕에 있었다.
He **called** me yesterday. 그는 어제 나에게 전화했다.
We **met** for the first time three years ago. 우리는 3년 전에 처음 만났다.

1 　글에 따르면, 고대 로마인들이 화장을 한 이유는?

① 화장품 재료가 흔해서

② 법으로 정해져 있어서

③ 신분을 표시하기 위해

④ 피부를 하얗게 만들기 위해

⑤ 얼굴과 손톱을 보호하기 위해

2 　글에서 화장품 재료로 언급되지 <u>않은</u> 것은?

① 꽃잎 　　　　② 올리브유 　　　　③ 안료

④ 달걀 흰자 　　⑤ 콜(kohl) 가루

3 　글의 빈칸에 들어갈 말로 가장 알맞은 것은?

① is only for women

② is very different now

③ has a very long history

④ came from the ancient Egyptians

⑤ has different meanings in different cultures

Summary **Fill in the blanks with the words from the passage.**

The History of Makeup	
Egypt	• used skin creams made from _____ and eyeliner made from _____
Rome	• used special creams to get _____
China	• painted their fingernails with _____
Japan	• wore _____ and face paint

19 Stress for Teens

When do you feel stressed?

Many adults think of the teenage years as times of fun. ⓐ They believe school, homework, and friends are not as stressful as working, making money, and taking care of one's family.

According to a new study, however, the brains of teens are not fully developed until ⓑ they are in their mid-twenties. So the brains of teens are very sensitive to stress. This means ⓒ teens feel stress more strongly than adults. Moreover, teens do not manage stress well. When teens are under a lot of stress, ⓓ they often act without thinking of the *outcome. This leads ⓔ them to make poor decisions.

Stress happens. It is a fact of life. But the important thing is how people respond to these situations. Therefore, adults should understand this and help teens (a) cope with stress well.

*outcome 결과

1 글의 요지로 가장 알맞은 것은?

① An adult's life is very difficult.

② Teenage brains are difficult to study.

③ Stress is a huge problem in our lives.

④ Adults do not understand teenagers well.

⑤ Teens can feel stress more than adults do.

2 글의 밑줄 친 ⓐ~ⓔ 중, 가리키는 대상이 나머지 넷과 <u>다른</u> 것은?

① ⓐ   ② ⓑ   ③ ⓒ   ④ ⓓ   ⑤ ⓔ

3 글의 내용과 일치하면 T, 그렇지 않으면 F를 쓰시오.

(1) 십대에는 뇌 발달이 계속 진행 중이다.   _____

(2) 십대들은 성인보다 스트레스에 더 잘 대처한다.   _____

※ 서술형

4 밑줄 친 (a) cope with와 바꿔 쓸 수 있는 표현을 글에서 찾아 쓰시오. (1단어)

_____

※ 서술형

5 글의 내용과 일치하도록 다음 질문에 답하시오.

Q: Why do teens make poor decisions when they get stressed?

A: Because _____

20 3D Movies

Do you enjoy watching 3D movies?

In 2009, the movie *Avatar* came out in 3D and was a big hit around the world. Many other 3D movies also came out in the 2000s. But surprisingly, 3D movies are not new.

A movie producer named Harry Fairall tried to make a 3D movie. (a) In fact, moviemakers tested some 3D movies before this. (b) However, Fairall's film was the first to play to an audience. (c) The movie was a love story called *The Power of Love*. (d) Love is a common theme in movies. (e) It played at a big hotel on September 27, 1922.

To make his movie, Fairall used two cameras. He showed two pieces of film at the same time. One piece of film was green, and the other was red. When the audience wore special glasses, the film looked 3D.

Nowadays, 3D movies are very popular. But moviemakers started to make movies _____ a very long time ago.

5

10

15

GRAMMAR in Textbooks

1·8행 ▶ 시간의 전치사 in/on/at: 전치사 in은 월/연도/계절 등 비교적 긴 기간 앞에, on은 요일/날짜/특정일 앞에, at은 구체적인 시간 앞에 사용한다.

It usually snows here **in** winter. 이곳은 겨울에 대개 눈이 온다.

On Monday, I am going to take a trip to Europe. 월요일에 나는 유럽으로 여행을 떠날 것이다.

The meeting is **at** 2:00 p.m. 회의는 오후 2시에 있다.

1   Fairall의 영화에 관한 글의 내용과 일치하지 <u>않는</u> 것은?

① 최초로 제작된 3D 영화이다.

② 제목은 *The Power of Love*였다.

③ 1922년에 한 호텔에서 상영되었다.

④ 두 대의 카메라를 사용해서 만들었다.

⑤ 관객들은 특수한 안경을 착용했다.

2   글의 (a)~(e) 중, 전체 흐름과 관계 <u>없는</u> 문장은?

① (a)   ② (b)   ③ (c)   ④ (d)   ⑤ (e)

3   글의 빈칸에 들어갈 말로 가장 알맞은 것은?

① look clearer

② look funnier

③ look more real

④ look more colorful

⑤ look more creative

※   서술형

4   다음 영영 뜻풀이에 해당하는 단어를 글에서 찾아 쓰시오.

_____: the people who watch or listen to a particular
                        program

focus On Sentences 중요 문장 다시 보기

A 다음 문장을 밑줄 친 부분에 유의하여 우리말로 해석하시오.

1 The machine is simple <u>to use</u>.

_____

2 <u>It seems</u> makeup has a very long history after all.

_____

3 Many adults <u>think of</u> the teenage years <u>as</u> times of fun.

_____

4 The brains of teens are not fully developed <u>until</u> they are in their mid-twenties.

_____

B 우리말과 같은 뜻이 되도록 주어진 말을 바르게 배열하시오.

1 고대 이집트인들은 올리브유로 만든 피부용 크림을 사용했다.

The ancient Egyptians _____.

(olive oil, made, skin creams, used, from)

2 이것은 그들이 좋지 못한 결정을 하도록 이끈다.

This _____.

(decisions, make, poor, leads, to, them)

3 Fairall의 영화는 관객들에게 상영된 최초의 것이었다.

Fairall's film was _____.

(to, an audience, to, the first, play)

C 우리말과 같은 뜻이 되도록 빈칸에 알맞은 말을 쓰시오.

1 당신의 플라스틱 병과 캔들을 버리는 대신 가져오라.

Bring your plastic bottles and cans instead of _____ them _____.

2 성인들은 이것을 이해하고 십대들이 스트레스에 잘 대처하도록 도와야 한다.

Adults should understand this and help teens _____ _____ stress well.

3 많은 다른 3D 영화들도 2000년대에 나왔다.

Many other 3D movies also _____ _____ in the 2000s.

Unit 06

GRAMMAR in Textbooks

· 조동사 must
The boys **must** stand the pain for 10 minutes.

· make + 목적어 + 형용사
Eating too much chocolate **makes you fat**.

21
A Dangerous Job

• dangerous	휑 위험한	• outside	튀 밖에서
• firefighter	명 소방관	• tool	명 도구
• surprised	휑 놀란	• such as	~와 같은
• neither of	~의 어느 쪽도 (아니다)	• saw	명 톱
• logger	명 벌목공	• injury	명 부상
• product	명 제품	• earn	동 (돈을) 벌다
• spend	동 (시간을) 보내다	• die	동 죽다

22
Bullet Ants

• be famous for	~로 유명하다	• drug	명 약, 약물
• painful	휑 고통스러운	• wake up	(잠에서) 깨다
• sting	명 침, 쏘기	• bite	동 물다
• get shot	총을 맞다	• stand	동 참다, 견디다
• last	동 계속되다	• scream	동 비명을 지르다
• tribe	명 부족	• during	전 ~ 동안
• ceremony	명 의식	• repeat	동 반복하다
• collect	동 모으다, 수집하다	• unique	휑 독특한

23
The Jungle Marathon

• marathon	명 마라톤	• insect	명 곤충
• runner	명 주자	• heat	명 열; *더위
• strength	명 힘	• get injured	부상을 당하다
• athlete	명 운동선수	• take part in	~에 참가하다
• regular	휑 규칙적인; *보통의	• enter	동 들어가다; *출전하다
• enough	휑 충분한	• prize	명 상
• worry about	~에 대해 걱정하다	• at least	적어도

24
Is Chocolate Bad for You?

• fat	휑 뚱뚱한	• flow	명 흐름
• tooth	명 치아 (pl. teeth)	• ability	명 능력
• be good[bad] for	~에 좋다[나쁘다]	• focus	동 집중하다
• correctly	튀 정확히	• remember	동 기억하다
• tired	휑 피곤한	• study for an exam	시험 공부를 하다
• blood	명 피	• grade	명 성적

영어는 우리말로, 우리말은 영어로 쓰시오. ▶ 단어/숙어 기본 연습

1	위험한	d_____	21	tribe	_____
2	tool	_____	22	collect	_____
3	strength	_____	23	더위	h_____
4	소방관	f_____	24	injury	_____
5	logger	_____	25	surprised	_____
6	painful	_____	26	곤충	i_____
7	repeat	_____	27	성적	g_____
8	athlete	_____	28	(시간을) 보내다	s_____
9	상	p_____	29	죽다	d_____
10	뚱뚱한	f_____	30	계속되다	l_____
11	product	_____	31	bite	_____
12	saw	_____	32	참다, 견디다	s_____
13	earn	_____	33	unique	_____
14	침, 쏘기	s_____	34	집중하다	f_____
15	enough	_____	35	enter	_____
16	정확히	c_____	36	밖에서	o_____
17	drug	_____	37	during	_____
18	능력	a_____	38	tired	_____
19	scream	_____	39	wake up	_____
20	blood	_____	40	at least	_____

우리말과 같도록 빈칸에 알맞은 말을 쓰시오. ▶ 문장 속 숙어 확인

1 This restaurant _____ _____ _____ seafood.
이 레스토랑은 해산물 요리로 유명하다.

2 Don't _____ _____ me. I'm fine. 나에 대해 걱정하지 마. 난 괜찮아.

3 Calcium _____ _____ _____ your bones and teeth.
칼슘은 당신의 뼈와 치아에 좋다.

4 Many students _____ _____ _____ after-school activities.
많은 학생들이 방과후 활동에 참여한다.

5 Janet went to the library to _____ _____ _____
_____. Janet은 시험 공부를 하기 위해 도서관에 갔다.

21 A Dangerous Job

Q What do you think the most dangerous job is?

What is the most dangerous job in the world? Police officer? Firefighter? You might be surprised to know that it is neither of <u>these</u>. The world's most dangerous job is actually logging. Loggers cut down trees to make paper and wood products.

5

(a) Loggers spend most of their days outside, often in bad weather or high places. (b) They work with big, dangerous machines, like bulldozers, large trucks, and huge *loaders. (c) The police catch criminals and firefighters put out fires. (d) Smaller tools 10 such as axes and saws can cause injuries, too. (e) Loggers may fall from heights and be hurt while they work.

A logger earns about $35,000 a year. This is not too low, but in the United States, many loggers die every year. Don't you think that 15 people who do dangerous jobs should make more money?

*loader 화물적재기

1 글에서 벌목공 직업의 위험 요소로 언급되지 <u>않은</u> 것은?

① 악천후 작업   ② 산사태 위험

③ 고지대 작업   ④ 중장비 작업

⑤ 위험한 도구 사용

2 글에서 주장하는 것으로 가장 알맞은 것은?

① Loggers are very diligent.

② Logging can be safe if you wear a helmet.

③ Police officers and firefighters work harder than loggers.

④ 35,000 dollars a year is a very low wage.

⑤ Loggers should make more money.

3 글의 (a)~(e) 중, 전체 흐름과 관계 없는 문장은?

① (a)   ② (b)   ③ (c)   ④ (d)   ⑤ (e)

서술형

4 글의 밑줄 친 <u>these</u>가 가리키는 것을 찾아 쓰시오. (2개)

_____ , _____

☑ *Summary* **Use the words in the box to fill in the blanks.**

bad weather	heights	enough	dangerous

Logging is one of the most _____ jobs. Loggers work outside even in _____. In addition to being hurt by their machines and tools, they may fall from _____ at times. Their wage is not too low. But you may feel it is not _____ if you look at them work.

22 Bullet Ants

Have you ever been stung by an insect?

The bullet ant is famous for its painful sting. As the name *implies, it feels like getting shot. And the pain lasts 24 hours! The Satere-Mawe, a tribe in Brazil, uses the bullet ant in its *coming-of-age ceremony.

For the ceremony, tribe members collect the ants and make the ants sleep with a special drug. Then, they put these ants into gloves. When young boys wear the gloves, the ants wake up and start biting. The boys must stand the pain for 10 minutes. And they must not scream during the process. (A) That is only the beginning though. The boys must repeat this ceremony twenty times.

The tribe believes that the ceremony makes young boys become men. Many cultures have unique coming-of-age ceremonies. But it is very _____ to become a man in the Satere-Mawe tribe.

*imply 암시하다
*coming-of-age ceremony 성인식

GRAMMAR in Textbooks

7행 ▶ must + 동사원형: ~해야 한다 (의무)

must는 의무를 나타내는 조동사이며, 유사한 의미로는 'have to'가 있다.
must not은 '~해서는 안 된다'의 뜻으로 금지를 나타낸다.

You **must[have to] follow** the law. 당신은 법을 따라야 한다.
People **must not** bring their pets into the restaurant.
사람들은 그 식당에 애완동물을 데리고 와서는 안 된다.

1   What is the passage mainly about?

① How to treat a bullet ant sting

② How to make bullet ant gloves

③ Various coming-of-age ceremonies

④ A painful coming-of-age ceremony

⑤ The most dangerous insects in the world

2   글에 따르면, 사테레마우에(Satere-Mawe) 부족의 소년들이 총알개미 장갑을 끼는 이유는?

① 악귀를 쫓기 위해

② 상처를 치료하기 위해

③ 성인이 되기 위한 통과의례로

④ 경기에서 진 사람에 대한 벌칙으로

⑤ 총알개미가 마취되었는지 확인하기 위해

3   글의 빈칸에 들어갈 말로 가장 알맞은 것은?

① fun   ② easy   ③ boring
④ difficult   ⑤ important

※   서술형

4   글에서 밑줄 친 (A)와 같이 말한 이유를 우리말로 쓰시오.

_____

_____

※   서술형

5   소년들이 총알개미 장갑을 꼈을 때 지켜야 하는 규칙 2가지를 글에서 찾아 영어로 쓰시오.

_____

_____

Expand Your Knowledge

총알개미의 위력

남미의 니카라과, 온두라스, 파라과이의 열대 우림에 사는 총알개미는 세계에서 가장 큰 개미 종 중 하나이다. 그러나 총알개미는 그 크기보다는 물렸을 때의 고통으로 더 유명하다. 현지 사람들은 총알개미를 '24시간 개미'라고도 부르는데, 그 이유는 물리면 고통이 24시간이나 지속되기 때문이다. 침의 독소는 경련, 구토, 그리고 경미한 마비까지 일으킬 수 있다고 한다.

23 The Jungle Marathon

Can you imagine running a marathon in a jungle?

In a marathon, runners need to push themselves for over 40 kilometers. It is a real test of strength for an athlete. However, for some people, regular marathons are not enough. They want to test themselves in the Amazon jungle.

This jungle marathon is over 220 kilometers long and takes 5
a week to finish. Runners must worry about wild animal attacks, insect bites, and terrible heat. They also sleep outside in the jungle. Sometimes the runners even have to swim in rivers with dangerous fish. While running the marathon, almost everyone gets injured.

Every year, about 60 people take part in the marathon, but only 10
a small number actually finish it. It costs $3,000 to enter, and there is no money prize for finishing it. But at least you can tell everyone
_____ !

1 정글 마라톤에 관한 글의 내용과 일치하지 <u>않는</u> 것은?

① 아마존 정글에서 개최된다.

② 거리가 220킬로미터 이상이다.

③ 완주하려면 일주일이 걸린다.

④ 매년 60명 정도가 참가한다.

⑤ 우승하면 3,000달러의 상금을 준다.

2 글에서 정글 마라톤이 힘든 이유로 언급되지 <u>않은</u> 것은?

① 야생 동물의 공격   ② 곤충의 물림

③ 무더위   ④ 식량 부족

⑤ 야외 취침

3 글의 빈칸에 들어갈 말로 가장 알맞은 것은?

① you are rich   ② you survived

③ you like animals   ④ the marathon is safe

⑤ you get some extra money

⁂ 서술형

4 글의 내용과 일치하도록 다음 질문에 답하시오.

Q: Why do some people take part in the Jungle Marathon?

A: Because _____

⁂ 서술형

5 Find the word in the passage which has the given meaning.

_____ : a person who is good at sports or exercise

24 Is Chocolate Bad for You?

How do you feel when you eat chocolate?

Many people believe that chocolate is not healthy for you. Eating too much chocolate makes you fat and is bad for your teeth. However, a recent study found that chocolate is good for the brain.

Some researchers in Britain gave (a) a group of people a hot cocoa drink and asked them to *do some math. Then, they asked another group of people to (b) do the same thing but did not give any of them a cocoa drink. The result was that the first group did the math more quickly and correctly than the second group. They also felt less tired.

Chocolate has *chemicals called flavanols. Flavanols increase blood flow to the brain. This blood flow improves your ability to learn, focus, and remember. So when you study for an exam, have some chocolate. It might actually help you get a better grade.

*do (the) math 계산을 하다
*chemical 화학물질

GRAMMAR in Textbooks

2행 ▶ make + 목적어 + 형용사: ~을 …하게 만들다
The present **made** me **happy**. 그 선물은 나를 행복하게 만들었다.
The sun **makes** your skin **dark**. 태양은 당신의 피부를 검게 만든다.

1 　글의 요지로 가장 알맞은 것은?

① Chocolate is bad for you.

② Chocolate can help you study.

③ Chocolate makes you feel happy.

④ You should eat chocolate regularly.

⑤ Cocoa drink is better than a chocolate bar.

2 　밑줄 친 (a) a group of people에 관한 글의 내용과 일치하면 T, 그렇지 않으면 F를 쓰시오.

(1) 다른 그룹보다 문제를 더 빨리 풀었다. _____

(2) 더 많은 문제를 풀었으나 피곤함을 느꼈다. _____

3 　글에서 초콜릿을 먹을 때 나타날 수 있는 효과로 언급되지 않은 것은?

① 뇌 혈류 증가 　　　　　　　② 스트레스 완화

③ 학습 능력 향상 　　　　　　④ 집중력 향상

⑤ 기억력 향상

※ 서술형

4 　밑줄 친 (b) do the same thing이 가리키는 내용을 글에서 찾아 영어로 쓰시오. (3단어)

_____

focus On Sentences

» 중요 문장 다시 보기

A 다음 문장을 밑줄 친 부분에 유의하여 우리말로 해석하시오.

1 You might be surprised to know that it is <u>neither of these</u>.

_____

2 The boys <u>must stand</u> the pain for 10 minutes.

_____

3 And they <u>must not scream</u> during the process.

_____

4 Eating too much chocolate <u>makes you fat</u>.

_____

B 우리말과 같은 뜻이 되도록 주어진 말을 바르게 배열하시오.

1 이름이 암시하는 것처럼, 그것은 총에 맞은 것 같은 느낌이 든다.

As the name implies, _____.
(feels, shot, like, getting, it)

2 참가하는 데 3,000달러의 비용이 들고, 완주한 것에 대해 상금은 없다.

_____, and there is no money prize for finishing it.
(costs, to, enter, it, $3,000)

3 이 혈류는 당신의 배우고, 집중하고, 기억하는 능력을 향상시킨다.

This blood flow improves _____.
(to, your, learn, ability, focus, remember, and)

C 우리말과 같은 뜻이 되도록 빈칸에 알맞은 말을 쓰시오.

1 총알개미는 그것의 고통스러운 침으로 유명하다.

The bullet ant _____ _____ _____ its painful sting.

2 매년, 약 60명의 사람들이 그 마라톤에 참가한다.

Every year, about 60 people _____ _____ _____ the marathon.

3 최근의 한 연구는 초콜릿이 두뇌에 좋다는 것을 알아냈다.

A recent study found that chocolate _____ _____ _____ the brain.

Unit 07

GRAMMAR in Textbooks

· want+to부정사
If you **want to see** the screens, you must look at them closely.

· 접속사 when
When you skip a meal, the sugar in your blood goes down.

25
Fruit Jams

• jam	명 잼	• list	명 목록 동 목록에 올리다
• taste	동 ~ 맛이 나다	• most	형 대부분의
• sugar	명 설탕; 당	• amount	명 양
• look at	~을 보다	• trick	명 속임수 동 속이다
• side	명 옆, 측면	• low	형 낮은 부 *아래로
• jar	명 병, 단지	• go down	내려가다, 떨어지다

26
The Arm-Touch Screen

• trend	명 추세, 유행	• surf the Internet	인터넷을 검색하다
• be pleased with	~에 만족하다[기뻐하다]	• touch	동 손대다
• screen	명 화면	• waterproof	형 방수의
• introduce	동 소개하다	• cool	형 시원한; *멋진
• bracelet	명 팔찌	• invention	명 발명품
• tiny	형 아주 작은	• be ready to	~할 준비가 되다
• projector	명 프로젝터, 영사기	• turn A into B	A를 B로 바꾸다
• shake	동 흔들다	• rapidly	부 빠르게
• wrist	명 손목		

27
The Leningrad Seedbank

• project	명 계획, 사업	• kill	동 죽이다
• secret	명 비밀 형 비밀의	• meanwhile	부 그 동안에
• keep	동 보관하다	• protect A from B	A를 B로부터 보호하다
• end	동 끝내다	• without	전 ~ 없이
• hunger	명 기아	• leave	동 떠나다
• bomb	동 폭격하다	• starve to death	굶어 죽다

28
Are You Hangry?

• hungry	형 배고픈	• signal	명 신호
• upset	동 화나게 하다	• fuel	명 연료
• explain	동 설명하다	• busy	형 바쁜
• skip a meal	식사를 거르다	• ideal	형 이상적인
• work	동 작동하다, 기능하다		

영어는 우리말로, 우리말은 영어로 쓰시오. ▶ 단어/숙어 기본 연습

1	대부분의	m_____	21	amount	_____
2	추세, 유행	t_____	22	잼	j_____
3	introduce	_____	23	화면	s_____
4	bracelet	_____	24	taste	_____
5	설탕; 당	s_____	25	wrist	_____
6	옆, 측면	s_____	26	손대다	t_____
7	작동하다, 기능하다	w_____	27	설명하다	e_____
8	죽이다	k_____	28	project	_____
9	비밀; 비밀의	s_____	29	hunger	_____
10	바쁜	b_____	30	ideal	_____
11	jar	_____	31	list	_____
12	tiny	_____	32	낮은; 아래로	l_____
13	발명품	i_____	33	bomb	_____
14	보관하다	k_____	34	끝내다	e_____
15	떠나다	l_____	35	~ 없이	w_____
16	trick	_____	36	signal	_____
17	shake	_____	37	fuel	_____
18	배고픈	h_____	38	meanwhile	_____
19	rapidly	_____	39	waterproof	_____
20	화나게 하다	u_____	40	look at	_____

B 우리말과 같도록 빈칸에 알맞은 말을 쓰시오. ▶ 문장 속 숙어 확인

1 A witch can _____ a prince _____ a frog. 마녀는 왕자를 개구리로 바꿀 수 있다.

2 When a store has a sale, the prices _____ _____.
가게가 할인을 하면, 가격은 내려간다.

3 My parents _____ _____ _____ my good grades.
부모님은 내 좋은 성적에 기뻐하신다.

4 Sometimes I _____ _____ _____ and just eat fruit.
때때로 나는 식사를 거르고 과일만 먹는다.

5 I often _____ _____ _____ with my smartphone.
나는 종종 내 스마트폰으로 인터넷 검색을 한다.

25 Fruit Jams

Q

Which fruit jam do you like most?

Fruit jams like strawberry or apple often taste very sweet. The reason is that there is a lot of sugar in them. But do you ever look at the list of *ingredients on the side of the jar? It usually lists strawberries or apples first, not sugar. 　5

① Most fruit jams have the same amount or even more sugar than the fruit. ② But fruit jam companies do not list sugar as the first ingredient. ③ Instead, they use <u>a special trick</u>. ④ They use three different types of sugar: corn syrup, *high fructose corn syrup, and sugar. ⑤ 　10

Why do they do this? Most people think fruit jams are healthy. If they know how much sugar is in the jams, the companies' sales may go down. These companies really know how to trick their customers. 　15

*ingredient 재료, 성분
*high fructose corn syrup 액상과당

1 글의 주제로 가장 알맞은 것은?

① Different types of sugar
② How sugar affects our health
③ A trick used by jam companies
④ How to make jams more delicious
⑤ Why the ingredient list is important

2 과일 잼에 관한 글의 내용과 일치하면 T, 그렇지 않으면 F를 쓰시오.

(1) Fruit jam companies list fruit as the first ingredient. _____

(2) Most fruit jams have more fruit than sugar. _____

3 다음 문장이 들어갈 위치로 가장 알맞은 곳은?

> This way, each type of sugar can be listed lower than the fruit.

①   ②   ③   ④   ⑤

※ 서술형
4 글의 밑줄 친 a special trick이 의미하는 내용을 우리말로 쓰시오.

_____

※ 서술형
5 다음 빈칸에 알맞은 단어를 글에서 찾아 쓰시오.

> People think fruit jams are _____, but in fact, there is high amount of _____ in them.

26 The Arm-Touch Screen

What do you think phones will look like in the future?

Smartwatches are a new trend in *wearable computers. (A) However, many people are not pleased with them. Their screens are too small, so they are not easy to use. If you want to see the screens, you must look at them closely.

5

Recently, a French company introduced a new type of *device called Cicret. It looks like a bracelet and has a (a) tiny projector in it. When you shake your wrist, it puts a screen on your arm. You can read email, surf the Internet, play games, and even make phone calls just by touching your arm! The device is also waterproof and has a USB port.

10

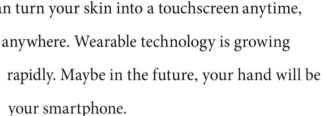

이 멋진 발명품은 판매할 준비가 거의 되었다. With this invention, you can turn your skin into a touchscreen anytime, anywhere. Wearable technology is growing rapidly. Maybe in the future, your hand will be your smartphone.

15

*wearable computer 웨어러블 컴퓨터, 착용 컴퓨터
*device 장치, 기기

GRAMMAR in Textbooks

5행 ▶ want + to부정사: '~하기를 원하다'는 want 동사 뒤에 'to부정사(to + 동사원형)'를 써서 나타낸다. 이처럼 to부정사를 목적어로 취하는 동사에는 need(필요로 하다), hope(희망하다), plan(계획하다), decide(결심하다), learn(배우다) 등이 있다.

My father **wants to buy** a new car. 아버지는 새 차를 사기 원하신다.
I **hope to see** you soon. 곧 뵙기를 바랍니다.
We **plan to visit** New York in July. 우리는 7월에 뉴욕을 방문할 계획이다.

1 글에서 밑줄 친 (A)의 이유로 언급된 것은?

① 화면이 작다.

② 가격이 비싸다.

③ 구입하기 어렵다.

④ 기능이 많지 않다.

⑤ 종류가 다양하지 않다.

2 Circret에 관한 글의 내용과 일치하지 <u>않는</u> 것은?

① It looks like a bracelet.

② It has a projector in it.

③ You can surf the Internet with it.

④ It is easily damaged by water.

⑤ It has a USB port.

※ 서술형

3 밑줄 친 우리말과 같은 뜻이 되도록 주어진 단어를 바르게 배열하시오.

(almost, cool, is, invention, this, sell, ready, to)

_____

4 밑줄 친 (a) tiny와 바꿔 쓸 수 있는 표현을 글에서 찾아 쓰시오. (1단어)

_____

27 The Leningrad Seedbank

When you think of a hero, who comes to your mind?

The Leningrad Seedbank was a very important project in Russia. There were more than 370,000 seeds in a secret room. The room kept seeds for many different plants. The Russians hoped the seeds could end world hunger.

During World War II, the Germans attacked the Russian city of Leningrad. For 28 months, the Germans bombed the city and killed thousands of people. Meanwhile, a group of scientists had a very important job. They had to protect the Leningrad Seedbank from the Germans. The scientists stayed in the *seed bank without food. There were many seeds to eat, but the scientists did not eat them. They knew the seeds were very important.

In 1945, World War II ended, and the Germans left Leningrad. Twelve scientists starved to death rather than eat the seeds. Thanks to their *heroism, the world's first seed bank survived the war.

*seed bank 종자은행
*heroism 영웅적 행위

1 글의 제목으로 가장 알맞은 것은?

① The Roles of Seed Banks
② The Heroes of World War II
③ The Seed Banks around the World
④ The Heroes of the Leningrad Seedbank
⑤ The Leningrad Seedbank: The World's First Seed Bank

2 글에 따르면, Leningrad Seedbank를 만든 이유는?

① 군사 기밀을 보관하기 위해
② 전투 식량을 보관하기 위해
③ 기아 문제를 해결하기 위해
④ 우수한 과학자들을 숨기기 위해
⑤ 최대 식량 생산 기지를 건설하기 위해

3 글의 내용과 일치하면 T, 그렇지 않으면 F를 쓰시오.

(1) The scientists died because of an illnesses. _____
(2) The scientists finally saved the seeds. _____

※ 서술형

4 글의 내용과 일치하도록 다음 질문에 답하시오.

Q: Why didn't the scientists eat the seeds?
A: Because _____

Summary **Use the words in the box to fill in the blanks.**

| protect | leave | World War II | seed bank |

During _____, the Germans attacked Leningrad, Russia. There was a _____ in the city. Scientists could not _____ the seed bank, and they did not eat the seeds. After all, the scientists starved to death to _____ the seeds.

28 Are You Hangry?

Q How do you feel when you are hungry?

Imagine you did not eat breakfast, and it is 11 AM. You are very hungry. Now, little things upset you. You may start to feel "hangry."

The word *hangry* explains the feeling when you are hungry and angry. Actually, many people get hangry, and scientists can explain why they do this. When you skip a meal, the sugar in your blood goes down. This sugar is called *glucose, and it helps your brain work well. When your glucose level is too low, you can get angry easily. You may also feel tired and cannot focus well.

Hunger is the signal that your brain _____. So if you are hangry, try to eat something. Scientists say it is ideal to eat meals <u>every four or five hours</u>. But if you are too busy, eating healthy snacks can also help.

*glucose 포도당

GRAMMAR in Textbooks

7행 ▶ 접속사 when: when은 '~할 때'의 의미로 뒤에 주어, 동사가 온다. when이 이끄는 절은 문장 앞이나 뒤에 올 수 있으며, 앞에 올 때는 절 뒤에 콤마(,)를 써 주는 것이 보통이다.
I listen to music **when** <u>I study or read.</u> 나는 공부하거나 독서할 때 음악을 듣는다.
When <u>they got home</u>, they felt very tired. 집에 도착했을 때, 그들은 매우 피곤함을 느꼈다.

1   What is the passage mainly about?

① How glucose helps your brain

② How anger affects your health

③ The reason why people get hangry

④ Foods that are good for your brain

⑤ The importance of eating breakfast

2   글에서 식사를 거를 때 나타나는 현상으로 언급되지 <u>않은</u> 것은?

① 혈당 수치가 떨어진다.

② 심장 박동이 느려진다.

③ 쉽게 화를 낸다.

④ 피로감을 느낀다.

⑤ 집중력이 저하된다.

3   글의 빈칸에 들어갈 말로 가장 알맞은 것은?

① is not busy

② works better

③ needs more fuel

④ thinks too much

⑤ is getting enough glucose

※   서술형

4   글의 밑줄 친 every four or five hours의 뜻을 우리말로 쓰시오.

_____

※   서술형

5   다음 빈칸에 알맞은 단어를 글에서 찾아 쓰시오.

People get hangry when they are _____ and
_____.

focus On Sentences

A 다음 문장을 밑줄 친 부분에 유의하여 우리말로 해석하시오.

1 <u>The reason is that</u> there is a lot of sugar in them.

_____

2 These companies really know <u>how to trick</u> their customers.

_____

3 It <u>looks like</u> a bracelet and has a tiny projector in it.

_____

4 Scientists say it is ideal to eat meals <u>every four or five hours</u>.

_____

B 우리말과 같은 뜻이 되도록 주어진 말을 바르게 배열하시오.

1 만약 화면을 보기를 원한다면, 당신은 그것들을 가까이 봐야만 한다.

If you _____, you must look at them closely.
       (want, screens, see, to, the)

2 이 발명품으로, 당신은 언제 어디서든지 당신의 피부를 터치스크린으로 바꿀 수 있다.

With this invention, you can _____ anytime, anywhere.
                            (skin, a, turn, touchscreen, into, your)

3 그것은 당신의 두뇌가 잘 기능하도록 돕는다.

It _____.
   (work, brain, helps, your, well)

C 우리말과 같은 뜻이 되도록 빈칸에 알맞은 말을 쓰시오.

1 이 멋진 발명품은 판매할 준비가 거의 되었다.

This cool invention _____ almost _____ sell.

2 그들은 레닌그라드 종자은행을 독일인들로부터 보호해야 했다.

They had to _____ the Leningrad Seedbank _____ the Germans.

3 식사를 거를 때, 당신의 혈당은 내려간다.

When you _____ _____ _____, the sugar in your blood

_____ _____.

Unit 08

29 ## Nick D'Aloisio
일상 속 불편함을 기회로

30 ## The Action Figure
소년들을 위한 인형

31 ## A Steel Cable Commute
머리가 쭈뼛 서는 등굣길

32 ## The Great Green Wall
사하라 사막의 거대한 녹색 장성

GRAMMAR in Textbooks

· 빈도부사
Superhero movies and TV shows **usually** have action figures.

· 부가의문문
It is quite a huge project, **isn't it?**

29
Nick D'Aloisio

• teach oneself	독학하다, 혼자서 배우다	• summarize	⑧ 요약하다
• spend 시간 -ing	~하며 시간을 보내다	• fit	⑧ 꼭 맞다, 적합하다
• develop	⑧ 개발하다	• helpful	⑲ 도움이 되는
• age	⑱ 나이	• full	⑲ 가득한; *완전한
• history	⑱ 역사	• later	⑭ 나중에
• a lot of	많은 (= lots of)	• giant	⑲ 거대한
• information	⑱ 정보	• million	⑱ 100만
• it takes 시간 to-v	~하는 데 …의 시간이 걸리다		

30
The Action Figure

• usually	⑭ 보통, 대개	• become popular	인기를 얻다
• at that time	그 당시	• character	⑱ 등장인물
• toy	⑱ 장난감	• spaceship	⑱ 우주선
• soldier	⑱ 군인	• A as well as B	B뿐만 아니라 A도
• doll	⑱ 인형	• since then	그때부터
• worried	걱정하는	• come with	~이 딸려 있다

31
A Steel Cable Commute

• kid	⑱ 아이, 어린이	• along	⑳ ~을 따라
• complain	⑧ 불평하다	• nearly	⑭ 거의
• village	⑱ 마을	• go to school	학교에 가다
• trip	⑱ 여행; 이동	• way	⑱ 길; 방법
• slide down	미끄러져 내려가다	• transport	⑧ 수송하다
• steel cable	⑱ 쇠줄	• daily	⑲ 매일의
• above	⑳ ~ 위에	• danger	⑱ 위험
• river	⑱ 강	• risk	⑧ (위험을) 무릅쓰다, 감수하다
• old	⑲ 낡은, 오래된		

32
The Great Green Wall

• desert	⑱ 사막	• improvement	⑱ 개선, 향상
• spread	⑱ 확산 ⑧ 확산되다	• farming	⑱ 농업, 농사
• across	⑳ ~을 가로질러	• because of	~ 때문에
• expert	⑱ 전문가	• quite	⑭ 꽤, 상당히
• wall	⑱ 벽	• huge	⑲ 거대한

A 영어는 우리말로, 우리말은 영어로 쓰시오. ▶단어/숙어 기본 연습

1	장난감	t_____	21	full	_____
2	transport	_____	22	village	_____
3	길; 방법	w_____	23	인형	d_____
4	develop	_____	24	벽	w_____
5	보통, 대개	u_____	25	spaceship	_____
6	complain	_____	26	spread	_____
7	daily	_____	27	improvement	_____
8	expert	_____	28	아이, 어린이	k_____
9	군인	s_____	29	사막	d_____
10	along	_____	30	across	_____
11	trip	_____	31	등장인물	c_____
12	above	_____	32	fit	_____
13	낡은, 오래된	o_____	33	역사	h_____
14	million	_____	34	farming	_____
15	강	r_____	35	worried	_____
16	information	_____	36	도움이 되는	h_____
17	danger	_____	37	거대한	h_____
18	summarize	_____	38	risk	_____
19	nearly	_____	39	a lot of	_____
20	나이	a_____	40	나중에	l_____

B 우리말과 같도록 빈칸에 알맞은 말을 쓰시오. ▶문장 속 숙어 확인

1 I tried to _____ _____ to play the guitar. 나는 기타 치는 것을 혼자서 배우려고 애썼다.

2 The restaurant started to _____ _____ in New York.
그 식당은 뉴욕에서 인기를 얻기 시작했다.

3 I like beef _____ _____ _____ chicken.
나는 닭고기뿐만 아니라 소고기도 좋아한다.

4 We _____ _____ _____ five days a week.
우리는 일주일에 5일 학교에 간다.

5 The picnic was canceled _____ _____ rain. 소풍은 비 때문에 취소되었다.

29 Nick D'Aloisio

What kind of app do you want to develop?

Nick D'Aloisio was a high school student in London. He taught himself to write computer programs. He also 그의 여가 시간을 새로운 앱을 개발하며 보냈다. At age twelve, he created his first app, and it made $100 a day.

(A) Just two years later, the giant web company Yahoo! wanted to buy Summly from Nick. They paid him $30 million for it. Now, Nick is a very rich young man.   5

(B) One day, he was using the Internet to study for a history exam. There was a lot of information on the Internet. But it took a long time to read and get all the information. (a) That gave Nick an idea.   10

(C) In 2011, at age fifteen, he made an app called Summly.

Summly finds news stories from different websites. Then, the app summarizes the *articles to fit onto a smartphone screen. This is helpful to people who do not have time for the full articles.   15

*article (신문·잡지의) 기사

1   Nick D'Aloisio에 관한 글의 내용과 일치하면 T, 그렇지 않으면 F를 쓰시오.

(1) 컴퓨터 프로그램 제작하는 법을 혼자서 배웠다.   _____

(2) Summly는 그가 개발한 첫 번째 앱이다.   _____

2   (A)~(C)를 글의 흐름에 알맞게 배열한 것은?

① (A)-(B)-(C)   ② (B)-(C)-(A)

③ (B)-(A)-(C)   ④ (C)-(B)-(A)

⑤ (C)-(A)-(B)

3   글에 따르면, Summly의 기능으로 가장 알맞은 것은?

① 자료 검색   ② 휴대폰 앱 제작

③ 시험 일정 관리   ④ 뉴스 기사 작성

⑤ 뉴스 기사 요약

❊   서술형

4   밑줄 친 우리말과 같은 뜻이 되도록 주어진 단어를 바르게 배열하시오.

(free time, spent, his, developing, new apps)

He also _____.

❊   서술형

5   글의 밑줄 친 (a) <u>That</u>이 의미하는 내용을 우리말로 쓰시오.

_____

30 The Action Figure

Do you like
superhero or
action movies?

Superhero movies and TV shows usually have *action figures. You may have some of them. However, this is actually a new trend.

The first action figures came out in the 1960s. ① At that time, a toy company made some toy soldiers for boys. ② So they were worried that boys would not buy the toy soldiers. ③ They had an idea though. ④ They decided to call the toys action figures, not dolls. ⑤ Using "action" in the toy's name was a great idea. Boys loved playing with the toy soldiers, and they quickly became very popular.

Then, the movie *Star Wars* came out in 1977. The company made action figures of all the characters in the movie. They also

made spaceships for the action figures as well as other monsters. Since then, most superhero and action movies have come with their own action figures.

*action figure 액션피겨(영웅이나 캐릭터 인형)

5

10

15

GRAMMAR in Textbooks

1행 ▶ 빈도부사: 어떤 일이 얼마나 자주 일어나는지를 표현할 때 사용하며, always, usually, often, sometimes, never 등이 있다. 문장 내에서는 일반동사의 앞, be동사와 조동사 뒤에 위치한다.
Jeff **often** loses his keys. Jeff는 종종 그의 열쇠를 잃어버린다.
Diane is **never** late for school. Diane은 결코 학교에 늦지 않는다.
You must **always** tell the truth. 너는 항상 진실을 말해야 한다.

1   What is the best title for the passage?

① The Birth of the Action Figure
② Action Figures: Toys for Adults
③ Popular Action Figures in the 1970s
④ Guide to Collecting Action Figures
⑤ Some Movies Based on Superheroes

2   다음 문장이 들어갈 위치로 가장 알맞은 곳은?

> The company knew that dolls were girls' toys.

①   ②   ③   ④   ⑤

3   action figure에 관한 글의 내용과 일치하지 <u>않는</u> 것은?

① They first came out in the 1960s.
② The first action figures are toy soldiers.
③ At first, they were made for boys.
④ The movie *Star Wars* has its own action figures.
⑤ They are usually based on real people.

※   서술형
4   Find the word in the passage which has the given meaning.

_____ : a person in a movie, play, story, etc.

※   서술형
5   글의 내용과 일치하도록 다음 질문에 답하시오.

Q: What did the toy company do to sell their toy soldiers?
A: They called the toys _____ _____ instead of

_____ .

31 A Steel Cable Commute

How do you go to school every day?

Some kids take a long bus ride to school, and others walk. They may complain, but they should be happy about that.

Kids in a small village in Colombia have a very _____ trip to school. They slide down steel cables. The cables are 370 meters above a river. In addition, they are old and not very safe. The kids ⁵ slide along these cables for nearly a kilometer to go to school every day. The steel cables are the only way for people to get to the next town. So children are not the only people to use ⓐ them. Farmers use them to transport their products, too.

The next time you take the bus or walk ¹⁰ to school, think about these children. Going to school is a daily danger for ⓑ them. However, they risk that danger to get educated.

1 글의 주제로 가장 알맞은 것은?

① A popular outdoor sport
② Why we should go to school
③ Different ways to get to school
④ A famous vacation spot in Colombia
⑤ A dangerous trip to school in Colombia

2 글의 빈칸에 들어갈 말로 가장 알맞은 것은?

① fun ② short ③ scary
④ boring ⑤ exciting

3 밑줄 친 steel cables에 관한 글의 내용과 일치하면 T, 그렇지 않으면 F를 쓰시오.

(1) 길이가 거의 1킬로미터에 이른다. _____

(2) 속도가 빨라서 주로 바쁠 때만 이용한다. _____

※ 서술형
4 글의 내용과 일치하도록 다음 질문에 답하시오.

Q: Why do famers use the steel cables?
A: They use them to _____.

※ 서술형
5 글의 밑줄 친 ⓐ와 ⓑ가 가리키는 것을 찾아 쓰시오.

ⓐ _____ ⓑ _____

32 The Great Green Wall

What comes to your mind when you think of the Sahara Desert?

The Sahara Desert spreads about 5 to 15 kilometers every year. This is a big problem. Africans need food, but food does not grow well in the desert. However, the Great Green Wall may help Africans. The idea is to plant trees across the Sahara Desert.

A British forest expert came up with the idea in 1952. Then, the idea started to become popular in 2005. Eleven African countries started building a wall of trees. _____, one country, Senegal, planted trees for 150 kilometers. That was more than 12 million trees.

5

The good news is that they can already see improvement. More than 30 million *hectares of land are now good for farming.

10

The African countries plan to build a 540-kilometer wall. They hope the Sahara will stop getting bigger because of the wall. It is quite a huge project, isn't it?

*hectare 헥타르(땅의 면적단위)

GRAMMAR in Textbooks

14행 ▶ 부가의문문: 상대방에게 확인이나 동의를 구하기 위해 문장 뒤에 덧붙여지는 의문문이며, 긍정문 뒤에는 부정의 부가의문문이, 부정문 뒤에는 긍정의 부가의문문이 온다.

<u>Seoul is</u> a big city, **isn't it?** 서울은 큰 도시야, 그렇지 않니?

<u>You can</u> play the piano, **can't you?** 너는 피아노를 연주할 수 있지, 그렇지 않니?

<u>Tom doesn't</u> eat onions, **does he?** Tom은 양파를 안 먹어, 그렇지?

1 글에 따르면, the Great Green Wall의 주된 목적은?

① 홍수 방지
② 사막화 방지
③ 기후 변화 방지
④ 물 공급원 증대
⑤ 미세 먼지 감소

2 글의 빈칸에 들어갈 말로 가장 알맞은 것은?

① Instead
② However
③ In addition
④ For example
⑤ In other words

3 According to the passage, which is NOT true about the Great Green Wall?

① It is to plant a wall of trees.
② The idea first appeared in 1952.
③ Ten countries are building the wall.
④ Senegal is a member in the project.
⑤ It is helping African people.

서술형

4 글의 내용과 일치하도록 다음 질문에 답하시오.

Q: Why is the spread of the Sahara Desert a big problem?
A: Because _____

_____

> **Expand Your Knowledge**
>
> 바다 사막화
>
> 사막화는 비단 육지에서만 일어나는 문제가 아니다. 바다 사막화는 산호들이 죽은 후 석회질로 쌓여 나타나는 현상이다. 바다 밑바닥이 하얗게 변해서 백화현상이라고도 한다. 바다 사막화가 진행되면 해조류가 사라진다. 물고기들이 해조류를 먹고 살기 때문에 해양 생태계에서 해조류는 매우 중요하다. 바다 사막화의 가장 큰 원인은 환경 오염과 지구온난화로 인한 해수온 상승으로 보인다. 바다 사막화를 막기 위해서 해조류를 이식한 인공 어초 등을 심어 바다 숲을 조성하는 노력이 이루어지고 있다.

☑ *Summary* **Use the words in the box to fill in the blanks.**

trees	growing	farming	Great Green Wall

The Sahara Desert is _____. Some African countries are planting a wall of _____ to stop it. This project is called the _____. Now, a lot more land can be used for _____. Yet they will keep trying until they build a 540-kilometer wall.

focus On Sentences › 중요 문장 다시 보기

A 다음 문장을 밑줄 친 부분에 유의하여 우리말로 해석하시오.

1 But <u>it took a long time to read and get</u> all the information.

_____

2 The steel cables are the only way <u>for people to get</u> to the next town.

_____

3 <u>The next time</u> you take the bus or walk to school, think about these children.

_____

4 The idea is <u>to plant</u> trees across the Sahara Desert.

_____

B 우리말과 같은 뜻이 되도록 주어진 말을 바르게 배열하시오.

1 그는 또한 그의 여가 시간을 새로운 앱을 개발하며 보냈다.

He also _____.
(developing, apps, time, spent, his, new, free)

2 슈퍼히어로에 관한 영화나 TV 프로들은 보통 액션피겨를 가지고 있다.

Superhero movies and TV shows _____.
(action figures, have, usually)

3 하지만 그들은 교육을 받기 위해 그 위험을 감수한다.

However, they _____.
(risk, to, danger, educated, that, get)

C 우리말과 같은 뜻이 되도록 빈칸에 알맞은 말을 쓰시오.

1 그는 컴퓨터 프로그램 만드는 것을 독학했다.

He _____ _____ to write computer programs.

2 그들은 또한 다른 괴물들뿐 아니라 그 액션피겨들을 위한 우주선들도 만들었다.

They also made spaceships for the action figures _____ _____
_____ other monsters.

3 그들은 사하라 사막이 그 장벽 때문에 커지는 것을 멈출 거라고 희망한다.

They hope the Sahara will stop getting bigger _____ _____ the
wall.

내공
중학영어독해

정답 및 해설

DARAKWON

입문 **1**

내공
중학영어독해

입문 1

정답 및 해설

DARAKWON

Words & Phrases

A

1 seed	**2** 이야기책, 동화책	**3** special	**4** 끔찍한	**5** wild
6 human	**7** 친근한	**8** plant	**9** move	**10** 괴롭히다, 왕따시키다
11 선택	**12** scientist	**13** alone	**14** 유명한	**15** success **16** 작곡가
17 연구원	**18** department store	**19** 점	**20** 즐거운, 좋은	
21 특정한	**22** enjoy	**23** 빛나는	**24** natural	**25** 정신적인 **26** 얇게 썰다
27 mean	**28** 자라다; 재배하다	**29** 즉각적인	**30** 상상하다	**31** 나타나다
32 hard	**33** 야기하다 **34** face	**35** 잘못	**36** 무서운	**37** 우울한
38 (책·신문 등의) 한 부	**39** 비난하다	**40** 두려운		

B **1** different from **2** listen to **3** for the first time **4** make fun of **5** ask for help

01 Do Bananas Have Seeds?

> **정답** **1** ④ **2** ① **3** ⑤ **4** large, hard seeds **5** seeds, young banana plants

지문 해석 바나나는 씨가 있을까? 그렇다. 바나나를 썰면, 가운데 있는 작고 검은 점들이 씨들이다. 그러나 그것들은 야생 바나나의 씨들과 매우 달라 보인다. 왜 그런지 아는가?

상점의 바나나들은 실제로 자연적이지 않다. 그것들은 과일 회사에 의해 재배된다. (C) 야생 바나나는 크고, 단단한 씨들을 가지고 있다. (A) 이 씨들은 사람들이 먹기에 어렵다. (B) 그래서 과학자들은 이 바나나들을 먹기 쉽게 만든다. 그들은 씨들을 작게 만들기 위해 특별한 화학물질들을 사용한다. 그것들이 당신이 바나나를 먹을 때 보이는 작은 씨들이다.

새로운 바나나는 이 작고, 검은 씨들에서 자라지 않는다. 그러면 새로운 바나나는 어떻게 자랄까? 그것들은 어린 바나나 식물(묘목)에서 자란다. 이 나무들은 다른 곳에 옮겨져 심어질 수 있다. 그런 식으로, 새로운 바나나 나무들이 자랄 수 있는 것이다.

문제 해설 **1** 야생 바나나의 씨들을 먹기 편리하도록 개량해서 오늘날 바나나의 씨들이 작아졌다는 내용이므로 ④ '바나나 씨들은 왜 그렇게 작은가'가 가장 알맞다.
① 씨 없는 과일들   ② 다양한 종류의 바나나들
③ 집에서 바나나 나무 키우기   ⑤ 바나나: 세계가 좋아하는 과일

2 야생 바나나의 씨들은 크고 단단해서 과학자들이 이를 먹기 쉽게 만들었다는 설명이 두 번째 단락에 나온다.

3 야생 바나나에는 크고 단단한 씨들이 있는데(C), 이 씨들(These seeds)은 사람들이 먹기 어려워서(A) 과학자들이 이 바나나를 먹기 편하게 만들었다고 해야(B) 흐름이 자연스럽다.

4 야생 바나나는 상점의 바나나와 달리 크고 단단한 씨들이 있다. (6~7행)
Q: 야생 바나나와 새로운 바나나는 어떻게 다른가?
A: 그것들은 크고, 단단한 씨들이 있다.

5 새로운 바나나는 씨에서 자라지 않고, 어린 바나나 식물에서 자란다.

구문 해설

05행 These seeds are difficult **for people to eat**.
- 〈for + 명사(목적격) + to-v〉는 '~가 …하기에'라는 뜻이다. 따라서 for people to eat은 '사람들이 먹기에'라는 뜻이 된다.

06행 So scientists **make these bananas easy** *to eat*.
- 〈make + 목적어 + 형용사〉는 '~을 …하게 만들다'라는 뜻이다.
- *to eat*은 to부정사의 부사적 용법으로 형용사 easy를 수식한다. easy to eat은 '먹기에 편한'으로 해석한다.

07행 They use special chemicals **to make** the seeds small.
- to make는 to부정사의 부사적 용법으로 '~하기 위해서(목적)'의 의미로 쓰였다.

02 Music for Cats

p.014

| 정답 | **1** ② | **2** ⑤ | **3** ⑤ | **4** composer | | *Summary* | music, scientists, sounds, pleasant |

지문 해석
수백 년 동안 고양이들은 오직 인간의 음악만 들었다. 그들은 선택권이 없었다. 그들이 그 음악을 즐겼을까? 아무도 고양이들에게 물어보지 않았기 때문에 아무도 모른다. 이제 고양이들은 그들 자신의 음악을 들을 수 있다. David Teie라는 이름의 클래식 음악 작곡가가 고양이들만을 위한 앨범을 만들었다.

David는 그 음악을 만들기 위해 과학자들과 함께 작업했다. 그는 고양이들이 그들 주변의 특정 소리들을 좋아한다는 것을 알게 됐다. 예를 들어, 고양이들은 새소리와 그들 어미의 소리를 좋아한다. David는 그런 소리들을 그의 음악에 사용했다. 연구원들은 David의 음악이 고양이들을 아주 행복하게 만든다는 것을 발견했다.

이제 고양이들은 그들이 좋아하는 음악을 들을 수 있다. David는 "처음으로 음악을 듣는다고 상상해보세요. 그것이 바로 여러분의 고양이가 느끼게 될 방식입니다."라고 말한다. David의 음악은 고양이가 더 행복하고 풍요로운 삶을 살도록 도와줄 것이다. 그리고 걱정하지마라. 그 음악은 인간들에게도 듣기에 아주 좋다!

문제 해설

1 고양이들이 좋아하는 소리를 이용하여 고양이들이 즐길 수 있는 음악을 만들었다는 내용이므로 ② '고양이들이 즐길 수 있는 음악'이 가장 적절하다.
[문제] 무엇에 관한 글인가?
① 음악의 과학
③ 고양이들이 아주 좋아하는 몇몇 것들
④ 고양이 스트레스를 줄이는 법
⑤ 고양이와 사람의 다른 점

2 고양이를 위해 만든 음악은 사람들에게도 아주 좋게 들린다는 설명이 나온다. (14~15행)

3 빈칸 뒤의 내용이 앞 문장의 예시, 즉 고양이들이 좋아하는 특정 소리의 예에 해당하므로 ⑤ '예를 들어'가 가장 알맞다.
① 결국   ② 대신에   ③ 하지만   ④ 게다가

4 '음악(곡)을 쓰는 사람'을 나타내는 단어는 composer(작곡가)이다. (4행)
[문제] 다음 주어진 뜻을 가진 단어를 글에서 찾아 쓰시오.

Summary

| 소리들 음악 과학자들 기분 좋은 |

David Teie는 고양이들을 위한 음악을 작곡한다. 그는 고양이들이 좋아하는 소리들을 찾기 위해 과학자들과 함께 작업했다. 그리고 나서, 그는 그 소리들을 그의 음악에 사용했다. 이제 고양이들도 기분 좋은 음악을 즐기고 더 행복한 삶을 살 수 있게 되었다!

04행 A classical music composer **named** David Teie made an album just for cats.

・〈named + 명사〉는 '~라는 이름의'라는 뜻이다.

11행 Now cats **can** listen to *music* [they like].

・조동사 can은 '~할 수 있다'의 의미로 능력, 가능을 나타내며, 뒤에 동사원형이 온다.

・[ ]는 music을 수식하는 관계대명사절로 목적격 관계대명사 which[that]가 생략되었다. 해석하면 '그들이 좋아하는 음악'이다.

14행 David's music will help cats have **happier, richer** lives.

・happier, richer는 각각 happy와 rich의 비교급으로 '더 행복한', '더 풍요로운'의 의미이다. 형용사나 부사에 -er를 붙이면 비교급이 된다. 단 -y는 -ier로 바꾼다.

03 Rudolph, the Red-Nosed Reindeer

p.016

정답	**1** ① **2** ③ **3** ⑤ **4** he thought a reindeer was friendlier

지문 해석   산타클로스라는 이름은 당신에게 무엇을 떠올리게 하는가? 대부분의 사람들은 아마도 Rudolph라고 말할 것이다. 하지만 Rudolph가 마케팅 아이디어(판매 촉진안)였다는 것을 아는가?

  Montgomery Ward는 시카고에 있는 큰 백화점이었다. 매년 크리스마스마다 그 백화점은 어린이들을 위한 이야기책을 무료로 주었다. 1939년에 백화점 관리자는 직원인 Robert May가 어린이 책을 한 권 집필할 것을 원했다. 처음에 그는 무스(북미산 큰사슴)에 관한 이야기를 생각해냈다. 그리고 나서 그는 순록이 더 친근하다고 생각했기 때문에 그 동물을 순록으로 바꾸었다. 그는 순록을 Rollo 또는 Reginald라고 부르는 것에 대해 생각했지만 그 대신 Rudolph라고 부르기로 결정했다. 그는 또한 Rudolph에게 빛나는 빨간 코도 주었다.

  그 책은 즉각적인 성공을 거두었다. Montgomery Ward 백화점은 그 책의 250만 부를 나누어주었다. Rudolph에 관한 여러 더 많은 책들과 노래, TV 프로그램, 장난감들이 곧 나타났다. 심지어 Rudolph에 관한 영화도 있었다. 이제 Rudolph는 세계에서 가장 유명한 순록이다!

문제 해설   **1** 한 백화점의 크리스마스 판촉 행사 일환으로 Rudolph 이야기가 생겨났으므로 ① '마케팅 아이디어(판매 촉진안)'가 가장 알맞다.

② 인기 있는 크리스마스 장난감   ③ TV 프로그램의 등장인물

④ 실제 동물 이름   ⑤ 백화점 이름

2 순록의 이름을 Rollo나 Reginald로 하려다가 Rudolph로 바꾼 것이다. (9~10행)

3 ⓐ~ⓓ는 백화점 직원인 Robert May를 가리키지만 ⓔ는 the reindeer를 가리킨다.

4 순록이 무스보다 더 친근하다고 생각해서 순록으로 바꾸었다는 내용이 나온다. (7~9행)

Q: 왜 Robert May는 무스를 순록으로 바꾸었는가?

A: <u>순록이 더 친근하다고 생각했기 때문에</u>

구문 해설   01행 What does the name Santa Claus **remind** you **of**?

・〈remind A of B〉는 'A에게 B를 떠올리게 하다'라는 뜻이다. What ~ remind you of?는 '~는 당신에게 무엇을 떠올리게 하는가?'라는 뜻이 된다.

05행 In 1939, the store manager **wanted** *a worker*, ***Robert May***, **to write** a children's book.

・〈want + 목적어 + to-v〉는 '~가 …하길 원하다'의 뜻이다.

・a worker와 Robert May는 동격 관계이다.

09행　… but decided to **call him Rudolph** instead.
- 〈call + A(목적어) + B(목적보어)〉는 'A를 B로 부르다'라는 뜻이다. call him Rudolph는 '그를 Rudolph라고 부르다'라는 뜻이 된다.

10행　He also **gave Rudolph a shiny red nose**.
- 〈give + A(간접목적어) + B(직접목적어)〉는 'A에게 B를 주다'라는 뜻이다. 해석하면 'Rudolph에게 빛나는 빨간 코를 주었다'라는 뜻이 된다.

04 Bullying

p.018

정답	**1** ①	**2** (1) F (2) T	**3** ④	**4** 학교에서 매일 괴롭힘을 당하는 것

지문 해석　Amy에게,

나는 요즘 기분이 정말 좋지 않아요. 학교에 몇몇 못된 아이들이 있거든요. 그들은 항상 나를 비웃고 놀려요. 가끔씩 그들은 내 발을 걸어 넘어뜨리고 날 밀어 뜨려요. 전 더 이상 학교에 가고 싶지 않아요. 어떡해야 하죠?

Chris

Chris에게,

당신의 상황에 대해 들으니 유감이군요. 괴롭힘은 학교에서 많은 학생들이 직면한 끔찍한 문제예요. 거의 25%의 학생들이 매일 학교에서 괴롭힘을 당하지요. 그것은 그들을 슬프고, 무섭고, 우울하게 만들 수 있어요. 이것은 나중에 정신적인 문제로 이어질 수 있지요.

만약 당신이 괴롭힘을 당하고 있다면, 여기 당신이 할 수 있는 것이 있어요. 첫째, 그것은 당신의 잘못이 아니란 점을 기억하세요. 당신은 당신 자신을 비난할 필요가 없어요. 그 다음으로, 선생님이나 상담교사에게 도움을 받아보세요. 당신 문제에 대해 이야기할 수 있는 많은 사람들이 있어요. 당신은 혼자가 아니란 걸 기억해요. 도움 요청하는 것을 두려워하지 마세요.

행운을 빌게요.

Amy

문제해설　**1** 학교에서 괴롭힘을 당하고 있는 학생에게 어떻게 대처해야 할지 조언해 주는 글이므로 ① '괴롭힘에 대처하는 법'이 가장 적절하다.

[문제] Amy는 무엇에 관해 주로 이야기하고 있는가?

② 학교 괴롭힘의 유형

③ 새 친구를 사귀기 위한 조언

④ 괴롭힘의 원인과 결과

⑤ 괴롭힘에 대한 도움을 얻을 곳

2 (1) 절반 이상이 아니라 25% 가량의 학생이 매일 괴롭힘을 당한다고 했다. (9~10행)

(2) 나중에(later in life) 정신적인 문제로 이어질 수 있다고 했다. (11행)

3 자신을 비난하지 말고 선생님이나 상담교사에게 도움을 받으라고 했다. (12~14행)

① Paul은 학교에 가지 않고 집에 있으려고 한다.

② John은 다른 학생들을 괴롭히는 것에 가담한다.

③ Ryan은 그의 문제로 자신을 탓한다.

④ Rachel은 그녀의 선생님께 자신의 문제를 알린다.

⑤ Andy는 그의 엄마에게 다른 도시로 이사 가자고 한다.

4 It은 그들(학생들)을 슬프고, 무섭고, 우울하게 만드는 것으로, 앞 내용인 '학교에서 (매일) 괴롭힘을 당하는 것'을 가리킨다.

02행 **There are** some mean kids at school.
- 〈there is/are + 명사〉는 '～가 있다'의 의미이다. 명사가 단수이면 is, 복수이면 are을 쓴다.

08행 Bullying is a terrible **problem** [**that** many students *face* at school].
- [ ]는 목적격 관계대명사절로서 선행사인 problem을 수식한다.
- face는 동사로 '직면하다'의 의미이다.

10행 It can **cause them to become** sad, scared, and depressed.
- 〈cause + 목적어 + to-v〉는 '～가 …하는 원인이 되다'의 의미이다.

11행 This can **lead to** mental problems *later in life*.
- 〈lead to + 명사(구)〉는 '～로 이어지다, ～을 초래하다'의 의미이다.
- later in life: 나중에, 장래 인생에

12행 If you are being bullied, here is **what** you can do.
- what은 '～하는 것'의 의미이며, 따라서 what you can do는 '당신이 할 수 있는 것'으로 해석한다.

focus On Sentences

p.020

A 1 이 씨들은 사람들이 먹기에 어렵다.
    2 David Teie라는 이름의 클래식 음악 작곡가가 고양이들만을 위한 앨범을 만들었다.
    3 산타클로스라는 이름은 당신에게 무엇을 떠올리게 하는가?
    4 학교에 몇몇 못된 아이들이 있다.

B 1 They use special chemicals <u>to make the seeds small</u>.
    2 He also <u>gave Rudolph a shiny red nose</u>.
    3 Bullying is a terrible problem that <u>many students face at school</u>.

C 1 They look very <u>different from</u> the seeds in wild bananas.
    2 Now cats <u>can listen to</u> music they like.
    3 They always <u>laugh at</u> me and <u>make fun of</u> me.

UNIT **02**

Words & Phrases

A

1 carefully	**2** 측정하다	**3** report	**4** 결과	**5** height	**6** 수치
7 perfect	**8** 길 잃은, 주인 없는		**9** 연락하다	**10** 추가의	**11** 역
12 seat	**13** 기술	**14** voice	**15** 구조하다	**16** 공식적인	**17** leaf
18 증가시키다	**19** customer	**20** 끈, 줄	**21** sale	**22** 지하철	**23** 붓다
24 send	**25** 방법	**26** 정확히	**27** tag	**28** 과학적인	**29** 놀라운
30 살아남다	**31** 길을 잃은	**32** 빨리	**33** salesman	**34** dark	**35** axe
36 true	**37** 숲	**38** 아나운서, 방송원		**39** make a fire	
40 ~을 생각해내다[떠올리다]					

B

1 wait for	**2** take, out of	**3** Thanks to	**4** cut down	**5** get on, get off

05 Mt. Everest

> 정답 **1** ① **2** ③ **3** (1) F (2) T **4** 산의 높이가 정확히 29,000피트라는 것
> **5** the mountain is 29,035 feet in height

지문 해석 1856년에 한 영국 측량사 단체가 에베레스트 산이 얼마나 높은지를 알고 싶어했다. 그들은 과학적인 방법으로 산을 주의 깊게 측정했다. 그들은 산의 높이가 정확히 29,000피트임을 알아냈다.

하지만 이 단체의 최고 책임자인 Andrew Waugh는 이 결과가 마음에 들지 않았다. 그는 그 수치가 너무 완벽하다고 생각했다. 그는 사람들이 그 산이 높이가 정확히 29,000피트임을 믿을 거라고 생각하지 않았다. 그래서 그는 그 산에 추가로 2피트를 더하기로 결심했다. 그 후 그는 에베레스트 산의 높이가 <u>29,002</u>피트라고 보고를 했다.

오늘날 일부 미국 측량사들은 그 산은 높이가 29,035피트라고 말한다. 하지만 에베레스트 산의 공식적인 높이는 29,029피트이다. 이 수치는 1955년 인도 출신의 몇몇 사람들에 의해 발견되었다. 하지만 세계는 백 년 이상 Waugh의 측정치를 사용했다.

문제 해설 **1** 에베레스트 산의 높이를 측정하려는 시도들과 결과에 관한 내용이므로 ① '에베레스트 산의 높이'가 가장 적절하다.

[문제] 무엇에 관한 글인가?

② 누가 최초로 에베레스트 산을 등반했는가

③ 세계에서 가장 높은 산

④ 에베레스트 산은 왜 등반하기가 그렇게 어려운가

⑤ 산의 높이를 측정하는 방법

2. 실제 측정 결과치인 29,000피트에 2피트를 추가했다고 했다. (8행)

3 (1) 29,035피트는 공식 높이가 아니라 미국의 일부 측량사들이 주장하는 것이다. (10~11행)

(2) 공식 높이는 29,029피트로서 몇몇 인도인들이 알아낸 것이라고 했다. (11~12행)

4 앞 문장의 내용, 즉 '산의 높이가 정확히 29,000피트라는 것'을 가리킨다. (3~4행)

5 '높이가 ~이다'는 'be ~ in height' 또는 'be ~ high'로 나타낼 수 있다.

01행 In 1856, a group of British surveyors wanted to know **how high Mt. Everest was.**

• 〈how + 형용사 + 주어 + 동사〉는 '주어가 얼마나 ~한지'라는 뜻이다. how high Mt. Everest was는 '에베레스트 산이 얼마나 높은지'라는 뜻이 된다.

06행 He did not **think** [(*that*) people would **believe** {(*that*) the mountain was exactly 29,000 feet high}].

• [ ]는 think의 목적어절이고 { }는 believe의 목적어절이다. 목적어절 안에 다시 목적어절이 왔다.

• 각 목적어절 앞에 명사절 접속사 that이 생략되었다.

11행 This figure **was found by** some people from India in 1955.

• 〈be + p.p. + by〉는 수동태로 '~에 의해 …되다'라는 뜻이다.

(= Some people from India **found** this figure in 1955.)

06 Moscow Dogs

p.026

정답	**1** ②	**2** ⑤	**3** ③	**4** the city's subway system

지문 해석 모스크바에서 주인 없는 개의 삶이란 매우 어렵다. 그들은 매일 추운 날씨에서 살아남아야 한다. 모스크바의 일부 주인 없는 개들은 이것을 하는 가장 좋은 방법을 안다. 그들은 그 도시의 지하철을 이용한다.

이 개들은 에스컬레이터를 타고 역으로 내려가서 기차를 기다린다. 그런 후 기차에 타고 심지어 자리 위에서 잠을 자기도 한다. 그들은 자신들이 내릴 정거장 소리를 들으면 기차에서 내린다. 개들이 어떻게 내릴 정거장을 아냐고? 그들은 안내 방송원의 목소리를 듣는다. 그들은 자신들이 내릴 정거장의 소리를 아는 것이다! 그것은 놀라운 기술이다.

당신의 개는 똑똑해 보일지도 모른다. 하지만 모스크바의 일부 주인 없는 개들은 정말로 똑똑하다. 그 이유는 가장 똑똑한 개들만이 살아남기 때문이다. 따라서 모스크바의 개들은 계속해서 점점 더 똑똑해지고 있다. 곧 그들은 기차를 운전하는 법을 배울지도 모른다!

문제 해설 **1** 혹독한 날씨의 모스크바에서 살아남는 법을 터득한 똑똑한 주인 없는 개들에 대한 내용이므로 ② '모스크바의 똑똑한 주인 없는 개들'이 가장 알맞다.

① 주인 없는 개들을 돕는 방법

③ 모스크바의 지하철 이용에 관한 조언들

④ 당신의 개를 더 똑똑하게 만드는 방법들

⑤ 주인 없는 동물들에 의해 야기되는 문제들

2 빈칸 뒤에 매일 추운 날씨에서 살아남아야 한다는 내용이 이어지므로 삶이 매우 ⑤ '어렵다'는 것이 알맞다.

① 안전한   ② 쉬운   ③ 지루한   ④ 신나는

3 주어진 문장은 정거장에서 잘 내린다는 사실에 대해 언급한 후에 오는 것이 적절하며, 뒤에는 내릴 정거장을 인지하는 방법에 관한 설명이 나오는 것이 적절하다.

4 추운 날씨에서 살아남는 가장 좋은 방법으로 개들은 지하철을 이용한다. (4~5행)

Q: 모스크바의 주인 없는 개들은 어떻게 추운 날씨에서 살아남는가?

A: 그들은 도시의 지하철을 이용한다.

구문 해설 04행 Some of Moscow's stray dogs know the best way **to do** this.

• to do는 명사구인 the best way를 수식하는 형용사적 용법의 to부정사이다. 형용사적 용법의 to부정사는 '~할, ~하는'으로 해석한다.

13행 So Moscow dogs **are *getting*** smarter and smarter all the time.
- 〈am/are/is + -ing〉는 현재진행형으로서 '~하고 있다'라는 뜻이다.
- 〈get + 비교급 and 비교급〉은 '점점 더 ~해지다'라는 뜻이다.

07 Teabags

p.028

정답　**1** ②　　**2** ③　　**3** 뜨거운 물에 봉지 전체를 넣는 것　　**4** customer

지문 해석　티백은 그 안에 찻잎이 들어 있는 작은 봉지이다. 차를 만들기 위해 당신은 찻잔에 그것을 넣고 차 위로 뜨거운 물을 붓는다. 누가 그런 아이디어를 생각해냈는지 한번이라도 궁금해 한 적이 있는가? 그 점에 대해서라면 당신은 Thomas Sullivan에게 감사하면 된다.

　　Thomas Sullivan은 뉴욕 출신의 차 판매원이었다. 판매를 증가시키기 위해 그는 그의 고객들에게 소량의 견본을 작은 실크 봉지에 담아 보냈다. 각각의 봉지에는 끈이 있었고 이 끈에는 그의 회사명이 있는 꼬리표가 있었다. 그러나 고객들은 자신들의 차를 만들기 위해 찻잎을 봉지에서 꺼내지 않았다. 그 대신 그들은 뜨거운 물에 봉지 전체를 넣었다. 그들은 그렇게 하는 것이 차를 만드는 더 쉬운 방법이라고 생각했다.

　　곧 그의 고객들은 더 많은 봉지 차를 원했다. 그래서 그는 그의 차를 위해 더 좋은 티백을 만들기 시작했다. 그 덕분에 이제 사람들은 차를 더 쉽게 즐길 수 있다.

문제 해설　**1** 판촉을 위해 만든 견본 차가 티백으로 발전하게 된 일을 설명하고 있으므로 ② '티백은 어떻게 발명되었는가'가 가장 적절하다.
　　① 한잔의 차를 즐기는 방법
　　③ 티백으로 차를 만드는 방법
　　④ 차 마시는 것의 건강상 이점
　　⑤ 티백으로 할 수 있는 것들

　2 꼬리표에 회사명이 적혀있었다는 내용은 있지만 그 이름이 무엇인지는 언급되어 있지 않다.
　　① 그는 무엇을 판매했는가? (5행)
　　② 그는 어디 출신이었는가? (5행)
　　③ 그의 회사명은 무엇이었는가? (언급되지 않음)
　　④ 판매를 증가시키기 위해 그는 무엇을 했는가? (5~6행)
　　⑤ 그는 왜 티백을 만들기 시작했는가? (11~12행)

　3 지시대명사가 가리키는 내용은 대개 앞의 한두 문장에 나온다. 이 글에서는 바로 앞 문장에 나오는 '뜨거운 물에 봉지 전체를 넣는 것'을 가리킨다.

　4 '물건이나 서비스를 사는 사람'을 나타내는 단어는 customer(고객)이다. (6, 8, 11행)

구문 해설　05행 **To increase** sales, he *sent* small samples *to* his customers in little silk bags.
- To increase는 to부정사의 부사적 용법으로서 목적을 나타낸다.
- 〈send A to B〉는 'A를 B에게 보내다'라는 뜻이다.

06행 **Each bag** had a string, and the string had a tag *with his company's name on it.*
- each, every 뒤에는 항상 단수명사가 온다. *cf.* each bags (X)
- 명사 a tag을 수식하는 with his company's name on it은 '그의 회사명이 적혀있는'의 뜻이다.

08행 But the customers did not **take** the tea leaves **out of** the bags *to make their tea.*
- 〈take A out of B〉는 'A를 B에서 꺼내다'라는 뜻이다. out of는 '~로부터'의 뜻을 나타낸다.
- to make their tea: 들의 차를 만들기 위해 (목적을 나타내는 to부정사의 부사적 용법)

정답   **1** ③   **2** ⑤   **3** ②   **4** cut down the electric poles | *Summary* | 2, 1, 4, 3

지문 해석   한 남자가 캐나다 북부 지역의 숲에서 길을 잃었다. 그는 휴대전화가 없어서 바깥 세상의 누구와도 연락을 할 수가 없었다. 숲 속은 춥고 어두웠다. 그는 음식도, 물도, 불을 피울 그 어떤 방법도 없었다.

그렇지만 그는 한 가지 물건을 가지고 있었다. 그는 도끼를 가지고 있었다. 그는 몇몇 전봇대도 볼 수가 있었다. 그는 그 전봇대를 베기로 결심했다. (전봇대는 전신주라고도 불린다.) 만약 그가 그렇게 한다면, 전기 회사 직원들이 문제가 무엇인지 알기 위해 올 것임을 그는 알고 있었다. 그는 그러면 자신이 구조될 수 있다고 생각했다.

이것은 실화이다. 2010년에 한 남자가 숲 속에서 길을 잃고는 몇몇 전봇대를 베었다. 그는 곧 전기 회사 직원들에 의해 구조되었다. 여러 마을이 하루 동안 정전이 되었지만 그 남자는 <u>재빨리 생각함으로써</u> 자신의 목숨을 구했다.

문제 해설   **1** 숲에서 길을 잃고 위험에 빠진 한 남자가 기지를 발휘하여 구조되었다는 이야기이므로 ③ '스스로를 구조한 남자'가 가장 알맞다.

[문제] 글의 제목으로 가장 알맞은 것은?
① 북부 캐나다에서의 생활   ② 전봇대의 위험성
④ 숲 속에서 필요한 것들   ⑤ 전봇대는 어떻게 수리되는가

2 (a) 그가 가진 한 가지는 (b) 도끼였고 그래서 (c) 전봇대를 보자 (d) (그 도끼로) 전봇대를 베기로 했다는 내용은 자연스럽다. 하지만 (e) 전봇대(electric pole)는 전신주(utility pole)라고도 불린다는 내용은 글의 흐름과 무관해서 매우 어색하다.

3 전봇대를 보고 그것을 베면 전기 회사에 의해 구조될 수 있다고 판단했고 실제 그렇게 되었으므로 그가 ② '재빨리 생각함'으로써 자신의 목숨을 구했다고 할 수 있다.
① 남을 도와줌   ③ 인내심 있게 기다림
④ 경찰을 부름   ⑤ 도와달라고 외침

4 글의 흐름과 무관한 문장인 (e)를 제외하면, 그 앞 문장에 전봇대를 베기로 결심했다는 내용이 나오므로 '그렇게 하면(did that)'은 '전봇대를 베면(cut down the electric poles)'의 의미가 된다.

| *Summary* |

길을 잃은 남자	
• 그를 도울 사람이 아무도 없었다.	2
• 한 남자가 숲에서 길을 잃었다.	1
• 결국, 전기회사 직원들이 와서 그를 구조했다.	4
• 그러나 그는 몇 개의 전봇대를 발견하고 그것들을 도끼로 베었다.	3

구문 해설   04행   **It** was cold and dark in the forest.
• 시간, 날짜, 요일, 계절, 날씨, 명암 등을 말할 때 형식적인 주어로 it을 사용한다. 이때의 it을 비인칭주어라고 하며, '그것'으로 해석하지 않는다.

08행   The man **did have** one thing *though*.
• 〈do + 동사원형〉은 동사를 강조한 형태로 '정말로 ~하다, 실제로 ~하다'라는 뜻이 된다.
• though는 문장 끝에서 '그래도, 그렇지만'이라는 뜻으로 쓰인다.

10행 He knew [**that** if he did that, power company workers would come to see {*what the problem was*}].

- [ ]는 동사 knew의 목적어로서 명사절이다. 접속사인 that은 '~라는 것'으로 해석한다.
- what the problem was는 명사절로서 see의 목적어이다.

16행 Several towns lost power for a day, but the man saved his own life **by thinking** quickly.

- 〈by -ing〉는 '~함으로써'라는 뜻이다. by thinking quickly는 '재빨리 생각함으로써'라는 뜻이 된다.

focus On Sentences

p.032

Ⓐ 1 1856년에, 한 영국 측량사 단체가 에베레스트 산이 얼마나 높은지 알고 싶어했다.

2 모스크바의 일부 주인 없는 개들은 이것을 하는 가장 좋은 방법을 안다.

3 그러나 고객들은 자신들의 차를 만들기 위해 찻잎을 봉지에서 꺼내지 않았다.

4 그 남자는 재빨리 생각함으로써 자신의 목숨을 구했다.

Ⓑ 1 Moscow dogs <u>are getting smarter and smarter</u> all the time.

2 To increase sales, he <u>sent small samples to his customers</u> in little silk bags.

3 <u>It was cold and dark</u> in the forest.

Ⓒ 1 He decided to <u>add</u> two extra feet <u>to</u> the mountain.

2 Your dog may <u>look</u> <u>smart</u>.

3 <u>Thanks</u> <u>to</u> <u>him</u>, now people can more easily enjoy their tea.

UNIT 03

Words & Phrases

p.035

A					
1 strange	**2** 불법의	**3** 끓는	**4** 구멍	**5** law	**6** 밑바닥
7 경주, 시합	**8** 흔한	**9** steal	**10** carry	**11** 온도	
12 일어나다, 발생하다		**13** 충전하다	**14** almost	**15** 생물	**16** 빌리다
17 ~의 가치가 있는		**18** follow	**19** 바보 같은	**20** lawnmower	
21 우승한	**22** goat	**23** 갑자기	**24** 햇빛	**25** 비싼	**26** 밤새
27 해치다	**28** flow	**29** 향상시키다	**30** 조사하다	**31** 도달하다	**32** degree
33 폭발하다	**34** 혹독한	**35** environment		**36** 손상시키다	
37 신화; 잘못된 통념		**38** solution	**39** 비용이 들다	**40** smoke	

B				
1 all the time	**2** make a call	**3** Instead of	**4** keep looking	**5** make sense

09 Kentucky Ice Cream Law

p.036

정답	**1** ④	**2** ④	**3** ③	**4** 말을 훔치기 위해	**5** illegal

지문 해석 켄터키 주에는 이상한 법이 있다. 뒷주머니에 아이스크림콘을 넣어 다니는 것은 불법이다. 이 법은 지금은 바보 같아 보인다. 하지만 그것에 대한 중요한 이유가 있었다.

켄터키 경마는 켄터키 주에서 유명한 경마 대회이다. 경주용 말들은 매우 값비싼 동물들이다. 우승마는 수천 또는 심지어 수백만 달러의 가치가 있다. 그래서 19세기에 말 도둑질이 흔했다.

말을 훔치기 위해서, 한 사람이 그의 뒷주머니에 아이스크림을 넣었다. 그러면 그 말은 그 사람을 집까지 그냥 따라갔다. 경찰은 그것에 관해 아무것도 할 수 없었다. 그 사람은 그저 "난 말을 훔치지 않았어요. 말이 나를 집까지 따라온 거라고요!"라고 말할 수 있었다. <u>그래서 켄터키 주는 법을 만들었다.</u> 사람들은 그들의 뒷주머니에 아이스크림을 넣고 다닐 수 없게 되었다.

이와 같은 법들은 오늘날 우리에게 이상해 보인다. 그렇지만 그 당시에는 그것들이 종종 <u>아주 이치에 맞았다.</u>

문제 해설 **1** 뒷주머니에 넣은 아이스크림으로 말을 유인하여 훔치는 사람들을 처벌하기 위해 만든 법이다. (9~13행)

2 ④ 앞 부분에 법을 만들어야 할 필요성이 나오고, 뒤에는 법이 만들어진 후의 결과가 나오므로 ④가 알맞다.

3 빈칸 문장에 though가 있는 것으로 보아 빈칸에는 앞 문장과 반대되는 내용이 오는 것이 자연스럽다. 앞 문장의 '이상해 보인다'와 반대되는 말은 ③ '아주 이치에 맞았다'이다.
① 별로 효과가 없었다
② 동물들을 보호했다
④ 많은 돈이 들었다
⑤ 몇몇 부작용들이 있었다

4 말을 훔치기 위해 뒷주머니에 아이스크림을 넣었다는 내용이 나온다. (9행)

5 '법으로 허용되지 않는'의 의미를 나타내는 단어는 illegal(불법적인)이다. (2행)
[문제] 다음 주어진 뜻을 가진 단어를 글에서 찾아 쓰시오.

구문 해설

01행 **It** is illegal **to carry an ice cream cone in your back pocket**.
- It은 가주어, to carry ~ pocket이 진주어 구문이다. 해석은 '뒷주머니에 아이스크림 콘을 넣어 다니는 것은 불법이다'라고 한다.

09행 **To steal** a horse, a person put ice cream in his back pocket.
- To steal은 to부정사의 부사적 용법으로서 목적을 나타낸다.

14행 Laws **like** this *seem strange* to us today.
- like는 전치사로 쓰여 '~와 같은'의 의미이다.
- 〈seem + 형용사〉는 '~하게 보이다'라는 의미이다. 따라서 seem strange는 '이상해 보이다'라는 뜻이 된다.

10 Smartphone Batteries

p.038

정답 **1** ④   **2** (1) F (2) T   **3** ②   **4** ⓐ Your phone ⓑ (a lot of) myths

| *Summary* | charging, overnight, true, myths

지문 해설 요즘 배터리 수명은 중요하다. 가끔 당신이 전화를 거는 동안에 배터리가 갑자기 나간다. 혹은 당신이 전화를 걸려고 하지만 배터리가 1% 남아 있다. 이런 일은 항상 일어난다.

스마트폰 배터리에 관한 몇몇 잘못된 통념들이 있다. 한 가지 잘못된 통념은 당신의 전화기가 충전되고 있는 동안 사용하지 말라는 것이다. 사람들은 전화기가 폭발하거나 당신이 감전될지도 모른다고 생각한다. 하지만 그것은 사실이 아니다. 보고들에 따르면 당신이 올바른 충전기만 사용하면 괜찮을 것이라고 한다.

또 다른 잘못된 통념은 밤새 전화기를 충전하지 말아야 한다는 것이다. 사람들은 그것이 배터리를 손상시킬 것이라고 말한다. 이것도 사실이 아니다. 당신의 전화기는 꽤 "똑똑하다." 그것은 완전히 충전되었을 때 충전을 멈추어야 하는 것을 안다.

배터리 수명을 향상시키기 위한 많은 좋은 조언들이 있다. 하지만 잘못된 통념들도 많이 있다. 당신은 먼저 그것들을 조사해 봐야 한다.

문제 해설 **1** 배터리 수명이 중요해진 만큼 올바른 관리를 위해 잘못된 통념들을 바로잡는 내용이므로 ④ '스마트폰 배터리에 관한 허위 사실'이 가장 알맞다.
[문제] 글의 제목으로 가장 알맞은 것은?
① 흔한 스마트폰 문제점들
② 스마트폰을 충전하는 방법
③ 전화기 배터리 수명을 늘리기 위한 조언들
⑤ 전화기 배터리 수명의 중요성

2 (1) 올바른 충전기만 사용한다면 충전 중에 사용해도 괜찮다고 했다. (10행)
(2) 충전이 다 되면 알아서 멈추므로 밤새 충전해도 괜찮다고 했다. (12~14행)

3 충전이 완료된 것을 인지하고 스스로 멈추는 능력이 있다는 것을 가장 잘 나타내는 말은 ② '똑똑한'이다.
① 큰   ③ 간단한   ④ 독특한   ⑤ 값비싼

4 문맥상 ⓐ는 바로 앞 문장의 Your phone을 가리키며, ⓑ는 바로 앞 문장의 (a lot of) myths를 가리킨다.

| Summary |

| 잘못된 통념들   밤새   충전되고 있는   사실인 |

많은 사람들은 당신의 전화기가 <u>충전되고 있는</u> 동안 사용하면 안 된다고 생각한다. 그들은 또 전화기를 <u>밤새</u> 충전해선 안 된다고도 말을 한다. 이런 것들은 <u>사실이</u> 아니다. 당신은 조사를 좀 해야 하고 이런 <u>잘못된 통념들을</u> 그대로 믿어서는 안 된다.

구문 해설

08행 One myth is not to use your phone **while** it *is charging*.
- 접속사 while은 '~동안'의 뜻으로 진행 시제와 함께 자주 쓰인다.
- ⟨am/are/is + -ing⟩는 현재 진행 중인 일을 나타내며 '~하고 있다'라는 뜻이다.

09행 People think the phone may explode or you **may** *get shocked*.
- 조동사 may는 약한 추측을 나타내어 '~일지도 모른다'라는 뜻이 된다.
- 수동태에서 be동사 대신 get을 이용하여 ⟨get + p.p.⟩로 나타낼 수 있다. ⟨get + p.p.⟩는 상태의 변화의 의미가 담겨 있다.

10행 Reports say you will be fine **if** you **use** the right charger.
- 때, 조건을 나타내는 부사절에서는 미래 시제를 쓰지 않고 대신 현재 시제를 쓴다.

14행 It knows to **stop charging** when it is full.
- ⟨stop + -ing⟩는 '~하던 것을 멈추다'이고, ⟨stop + to-v⟩는 '~하기 위해 멈추다'이다.

11 Life in the Heat

p.040

| 정답   **1** ⑤   **2** ⑤   **3** ②   **4** (1) shrimp (2) tube worms (3) bacteria |

지문 해석   끓는 물속에서 사는 것을 상상해 본 적이 있는가? 아마도 없을 것이다. 하지만 동물들은 지구의 가장 뜨거운 곳들에서 산다.

대양의 밑바닥에는 구멍들이 있다. 뜨거운 물이 이 구멍들 밖으로 흘러나온다. 구멍 주위의 온도는 거의 섭씨 100도이다. 그렇다고 해도, 많은 생명체들이 이 구멍들 가까이에서 발견될 수 있다. 가장 흔한 생물은 관벌레와 조개이다. 게와 새우도 그곳에서 산다.

그곳은 매우 어둡고, 햇빛은 절대 이 구멍들에 도달하지 않는다. 그러면 그 생물들은 어떻게 먹이를 찾는가? 그 구멍들에서 흘러나오는 물은 많은 세균들을 가지고 있다. 관벌레와 조개류는 이 세균들로부터 에너지를 얻는다. 그리고 나서 게와 새우가 그 더 작은 동물들을 먹는다.

대양의 밑바닥은 세상에서 가장 혹독한 장소들 중 하나이다. 그러나 많은 식물과 동물이 그곳에 산다. 이런 생물들은 <u>생명은 거의 어디에서나 생존할 수 있다</u>는 것을 우리에게 보여준다.

문제 해설   **1** 온도가 섭씨 100도에 가까운 대양 밑바닥의 극한 환경에서 살아가는 생물들에 관해 소개하고 있는 글이다.

2 구멍에서 흘러 나오는 물에는 많은 세균들이 있으며 관벌레와 조개류가 이 세균들을 먹이로 살아간다. (9~10행)

3 지구상에서 생존하기 가장 혹독한 곳에서 살아가는 생물들을 보면 ② '생명은 거의 어디에서나 생존할 수 있다'는 것을 알 수 있다.
① 대양에서의 수명은 매우 짧다
③ 대양은 살기에 위험한 장소이다
④ 모든 살아있는 것들은 생존하기 위해 햇빛을 필요로 한다
⑤ 우리는 우리의 행성(지구)에 관해 아무것도 모른다

4 구멍에서 흘러나오는 물에는 세균들이 있는데, 관벌레와 조개류가 이 세균들로부터 에너지를 얻고, 게와 새우가 다시 이 작은 동물들을 잡아 먹는다. (9~11행)

구문 해설　01행　Can you imagine living in **boiling** water?
　　　　　　　• boiling은 명사 water를 수식하는 현재분사이며 '끓는'으로 해석한다.

　　　　　　09행　**The water** [flowing from the holes] **has** a lot of bacteria.
　　　　　　　• [ ]는 The water를 수식해서 '구멍에서 흘러나오는 물'로 해석한다. 주어는 The water이므로 단수동사 has가 쓰였다.

　　　　　　10행　Tube worms and clams **get** energy **from** these bacteria.
　　　　　　　• 〈get A from B〉는 'A를 B로부터 얻다'라는 의미이다. 해석하면 '에너지를 이 세균으로부터 얻는다'의 뜻이 된다.

　　　　　　12행　The bottom of the ocean is **one of the harshest places** in the world.
　　　　　　　• 〈one of the + 최상급 + 복수명사〉는 '가장 ~한 …들 중 하나'라는 뜻이다.

12 Google's Goats

p.042

정답	**1** ⑤	**2** ②, ④	**3** ③	**4** goats, lawnmowers

지문 해석　구글의 모토는 "올바른 일을 하자"이다. 이것의 큰 부분은 환경을 해치지 않는 것이다. 구글은 아주 흥미롭고 재미있는 방식으로 이것을 한다. 구글의 본사 주위에는 잔디가 많이 있다. 사실 잔디 깎는 기계는 휘발유를 많이 사용한다. 그것들은 많은 매연을 대기 중으로 내뿜는다. 만약 사람들이 그것들을 계속 사용한다면 환경을 해칠 것이다. 그렇다면 구글은 어떻게 환경을 해치지 않고 멋진 잔디를 가질 수 있을까?

　　　　잔디 깎는 기계를 사용하는 대신에, 그들은 염소들을 이용한다. 그들은 California Grazing이라는 이름의 한 회사로부터 염소들을 임대한다. 염소들은 구글 본사에서 머물면서 잔디를 먹는다. 염소들은 환경에 도움을 준다. 게다가 그들(염소들)은 잔디 깎는 기계와 비용이 똑같이 든다.

　　　　이것은 완벽한 해결책이다. 구글은 환경을 해치지 않는다. 임대 회사는 돈을 번다. 염소들은 많은 맛있는 잔디를 먹는다. 모두가 그들이 원하는 것을 얻는다!

문제 해설　**1** 구글이 환경을 해치는 잔디 깎는 기계 대신 염소를 이용함으로써 환경도 살리고 부수적인 장점도 챙긴다는 내용이므로 ⑤ '환경을 돕는 창의적인 방법'이 가장 알맞다.
　　　　[문제] 무엇에 관한 글인가?
　　　　① 새로운 종류의 과학 기술
　　　　② 다양한 종류의 잔디 깎는 기계들
　　　　③ 환경 관련 문제들
　　　　④ 회사 모토의 중요성

　　　　2 염소를 이용한 구글의 잔디 관리 방식으로 환경을 해치지 않고, 염소 임대 회사는 돈을 벌며, 염소들은 맛있는 잔디를 먹는다고 언급되어 있다. (13~16행)

　　　　3 빈칸 앞에 염소를 이용한 방법이 환경에 도움이 된다는 내용이 나오고 빈칸 뒤에는 추가적인 장점이 나오므로 ③ '게다가'가 가장 알맞다.
　　　　① 그래서　　② 그러나　　④ 예를 들어　　⑤ 다시 말하면

　　　　4 환경을 돕기 위해 구글은 잔디 깎는 기계 대신 염소들을 이용한다.

02행 A big part of this is *not to* **harm** the environment.

· not to harm은 to부정사의 명사적 용법으로 is의 보어이다. '해치지 않는 것'라는 뜻이다.

· to부정사의 부정은 ⟨not + to-v⟩로 쓰며, 용법에 따라 '~하지 않는 것(명사), ~하지 않기 위해(부사)'로 해석이 된다.

05행 Google's headquarters has **a lot of** grass all around it.

· a lot of, lots of는 '많은'이라는 뜻으로 뒤에 가산명사나 불가산명사 모두 올 수 있다.

07행 So how can Google have nice grass **without harming** the environment?

· ⟨without + -ing⟩은 '~하지 않고'라는 뜻이다. without harming은 '해치지 않고'의 의미이다.

16행 Everyone gets **what** they want!

· what은 명사절을 이끄는 관계대명사로서 '~하는 것'의 의미를 나타낸다. what they want는 '그들이 원하는 것'의 의미이다.

focus On Sentences

p.044

(A) **1** 말을 훔치기 위해서, 한 사람이 그의 뒷주머니에 아이스크림을 넣었다.

2 한 가지 잘못된 통념은 당신의 전화기가 충전되고 있는 동안 사용하지 말라는 것이다.

3 그 구멍들에서 흘러나오는 물은 많은 세균들을 가지고 있다.

4 모두가 그들이 원하는 것을 얻는다!

(B) **1** Laws like this seem strange to us today.

2 Tube worms and clams get energy from these bacteria.

3 How can Google have nice grass without harming the environment?

(C) **1** You plan to make a call, but your battery is at 1%.

2 If people keep using them, it will harm the environment.

3 Instead of using lawnmowers, they use goats.

Words & Phrases

p.047

A					
1 분수	**2** coin	**3** 기계	**4** wish	**5** 던지다	**6** 전설
7 돌아오다[가다]		**8** 멀리	**9** tourist	**10** (값이) 싼	**11** 가능한
12 gym	**13** 무서운	**14** 움직임, 동작	**15** 전기	**16** save	**17** pay
18 진지한	**19** 공공의	**20** 제공하다	**21** ~ 안에	**22** important	**23** 화장실
24 visit	**25** 뿌리다	**26** 누르다	**27** 동의하다	**28** 실제로	**29** flag
30 십대의	**31** stage	**32** 전통	**33** safe	**34** 흥미로운	**35** 동기를 부여하다
36 엄청난	**37** dry	**38** 인기 있는	**39** wash	**40** 사라지다	

B				
1 work out	**2** come true	**3** give, back	**4** at the same time	**5** Both, and

13 Trevi Fountain

p.048

> 정답   **1** ⑤   **2** ③   **3** legend   **4** help the poor

지문 해석 분수에 동전을 던지는 것은 서구 문화에서 인기 있는 전통이다. 사람들은 분수에 동전을 던지고 자신들의 소원이 이루어지길 희망한다.

로마에 있는 트레비 분수는 세계에서 가장 유명한 분수들 중의 하나이다. 매년 수백만 명의 관광객들이 그곳을 방문한다. 전설에 따르면 당신이 분수에 동전을 던져 넣으면 당신이 로마로 돌아올 것이라고 한다. 그래서 당신은 그 분수에서 많은 동전들을 볼 수가 있다. 실제로 사람들은 매일 분수에 3,000유로를 던져 넣는다.

하지만 많은 사람들은 시가 이 돈을 가난한 사람들을 돕기 위해 사용한다는 것을 알지 못한다. 이렇게 하기 위해 로마 시는 2008년에 그들을 위한 슈퍼마켓을 열었다. 그 슈퍼마켓의 음식은 매우 저렴해서 가난한 사람들은 그것을 쉽게 살 수 있다. 따라서 사람들이 분수에 동전을 던져 넣을 때 그들은 가난한 사람들을 돕고 있는 것이기도 하다. 다음 번 로마를 방문할 때에는 동전 한두 닢을 더 던져보는 건 어떨까?

문제 해설 **1** 소원을 빌기 위해 트레비 분수에 동전을 던지는 관습과 이렇게 모인 돈이 어떻게 사용되는지에 관한 내용이므로 ⑤ '트레비 분수의 동전에 무슨 일이 일어나는가'이다.
　① 트레비 분수의 역사
　② 로마의 관광 명소들
　③ 사람들은 왜 분수에 동전을 던져 넣는가
　④ 세계에서 가장 아름다운 분수들

2 트레비 분수에 동전을 던지면 로마로 돌아오게 된다는 전설이 언급되어 있다. (5~6행)

3 '과거의 유명한 사람들과 사건들에 관한 옛날 이야기'를 나타내는 단어는 legend(전설)이다. (5행)
　[문제] 다음 주어진 뜻을 가진 단어를 글에서 찾아 쓰시오.

4 바로 앞 문장의 help the poor(가난한 사람들을 돕다)를 가리키는 말이다.

01행 **Throwing coins into fountains** is a popular tradition in Western culture.

- 동명사(동사원형 + -ing)는 '~하기, ~하는 것'의 뜻이며 문장에서 주어나 보어, 목적어로 쓰일 수 있다. Throwing coins into fountains는 주어로 쓰인 동명사구이며 '분수에 동전을 던지는 것'이라고 해석한다.

02행 People throw coins into fountains and hope [**(that)** their wishes come true].

- [ ]는 hope의 목적어절로서 hope 뒤에 접속사 that이 생략되어 있다.

13행 On your next visit to Rome, **how about throwing** an extra coin or two?

- 〈how about + -ing ~?〉는 '~하는 것은 어때?'의 의미이다. 〈why don't you + 동사원형 ~?〉으로 바꿔 쓸 수 있다.

14 The Eco-Gym

p.050

| 정답 | **1** ③ | **2** ② | **3** ⑤ | **4** 회원들이 에너지와 돈을 동시에 절약하는 것 | *Summary* | 2, 1, 3, 4 |

지문 해석   체육관들은 많은 에너지(전기)를 사용하며 때때로 운동을 하기에는 가격이 비쌀 수도 있다. 하지만 한 친환경 체육관은 고객들에게 흥미로운 계획을 제공한다. 그곳의 회원들은 에너지와 돈을 동시에 절약할 수 있다. 이것이 어떻게 가능한가?

   그 체육관에는 특별한 운동기구들이 있다. 사람들이 그것들을 이용할 때 그들의 신체 움직임은 전기를 만드는 모터를 돌린다. 그러면 이 전기는 체육관에 동력을 제공한다. 따라서 체육관은 전기료를 절약한다. 게다가 체육관은 절약된 금액을 고객들에게 돌려준다. 사람들이 더 많이 운동을 하면 그들은 더 적은 회비를 지불할 수 있다. 이것은 그들이 더 열심히 운동하도록 동기를 부여한다.

   친환경 체육관은 멋진 생각이다. 그것은 전기를 절약함으로써 환경을 돕는다. 그것은 또한 사람들이 돈을 절약하게 해준다. 지금은 미국에 친환경 체육관이 단 세 곳뿐이다. 하지만 그것들이 인기를 얻게 된다면 장차 에너지 사용에 큰 영향을 줄 것이다.

문제 해설   **1** 신체 움직임으로 전기가 만들어지는 운동기구를 사용함으로써 환경도 살리고 전기료도 아끼는 한 체육관에 관한 내용이므로 ③ '친환경적인 체육관'이 가장 알맞다.

[문제] 무엇에 관한 글인가?
① 건강하게 지내는 법
② 에너지 절약을 위한 조언들
④ 친환경 체육관들의 인기
⑤ 체육관에서 운동하는 것의 이점들

2 빈칸 앞에는 친환경 체육관의 전기료 절약이라는 장점이, 빈칸 뒤에는 이렇게 절약된 돈이 고객에게 돌아간다는 추가적 장점이 언급되어 있으므로 ② '게다가'가 가장 적절하다.
① 그러나   ③ 예를 들어   ④ 다시 말해서   ⑤ 반면에

3 친환경 체육관의 장점은 특별한 운동기구가 전기를 만듦으로써 전기료가 절약되고 환경에 도움이 된다는 것, 그리고 회원들은 절감된 전기료만큼 회비를 덜 냄으로써 운동할 동기를 부여 받는다는 것이다. 전문 트레이너에 관한 언급은 없다.

4 여기서 this는 앞 문장 내용 전체를 가리킨다.

| Summary |

<table>
<tr><td colspan="2" align="center">친환경 체육관이 운영되는 법</td></tr>
<tr><td>· 모터가 전기를 생산한다.</td><td align="center">2</td></tr>
<tr><td>· 사람들은 특별한 운동기구를 사용한다.</td><td align="center">1</td></tr>
<tr><td>· 그 전기가 체육관에 동력을 제공한다.</td><td align="center">3</td></tr>
<tr><td>· 체육관은 전기료를 절약한다.</td><td align="center">4</td></tr>
</table>

구문 해설

01행 Gyms use a lot of energy and can sometimes be expensive **to work** out *at*.
- to work는 형용사 expensive를 수식하는 부사적 용법의 to부정사이다. 형용사를 수식하는 to부정사는 '~하기에'라는 뜻이 된다.
- to work out at에서 전치사 at의 목적어는 gyms이다. *cf.* We work out **at gyms**.

06행 When people use them, the movement of their bodies turns a motor [**that** creates electricity].
- [ ]는 a motor를 수식하는 주격 관계대명사절로 '전기를 만드는'으로 해석한다.

11행 This **motivates them to exercise** harder.
- 〈motivate + 목적어 + to-v〉는 '~가 …하도록 동기를 부여하다'라는 뜻이다.

13행 It can also **save people money**.
- 〈save A B〉는 'A에게 B을 절약해주다'라는 뜻이다.

15 Babymetal

p.052

<table>
<tr><td>정답</td><td>1 ⑤</td><td>2 ⑤</td><td>3 ④</td><td>4 popular</td><td>5 sing about dark, scary things</td></tr>
</table>

지문 해설　대부분의 사람들은 헤비메탈은 어둡고 화를 내는 음악이라고 생각하지만 일본 출신의 한 그룹은 사람들의 생각을 바꾸고 있다. 이 세 명의 십대 소녀들의 그룹은 Babymetal이라고 불리며 그곳에서 매우 인기가 있다.

　사실 그들의 공연은 다른 메탈 그룹의 공연들과 같다. 그 그룹은 불과 깃발을 사용하며 보통 빨갛고 검은 의상을 입는다. 노래를 부를 때 그들은 무대 위를 미친 듯이 뛰어다니고, 뛰어오르며, 춤을 춘다. 이 공연에서의 에너지는 엄청나다. 그리고 그 소녀들은 무대에서 매우 진지해 보인다.

　하지만 Babymetal은 어둡고 무서운 것들에 대해 노래하지 않는다. 그 소녀들은 십대 소녀들의 공통적인 걱정거리들에 관해 노래한다. 그들은 또한 강해지는 것과 자립하는 것에 관해 노래한다. 이것들은 젊은이들에게 좋은 메시지이다. Babymetal은 메탈 음악이 당신 자신에 대해 기분 좋게 느끼도록 만들어줄 수 있다는 것을 보여준다.

문제 해설

1 어둡고 무서운 노래를 하는 일반 헤비메탈 그룹과 달리 긍정적인 노래를 주로 부르는 일본의 한 헤비메탈 그룹에 관한 내용이므로 ⑤ '일본의 새로운 유형의 헤비메탈 그룹'이 가장 알맞다.
① 십대 사이에서 인기 있는 음악
② 십대 소녀들의 공통적인 걱정들
③ 세계의 다양한 종류의 음악
④ 헤비메탈 음악의 인기

2 노래의 주제들은 언급되어 있지만 구체적인 제목은 언급되지 않았다.

3 주어진 문장의 These는 문맥상 메시지의 내용을 가리키므로 구체적인 메시지 내용이 나오는 문장 바로 뒤인 ④에 오는 것이 자연스럽다.

4 '많은 사람들이 좋아하는'이라는 뜻을 가진 단어는 popular(인기 있는)이다. (7행)

[문제] 다음 주어진 뜻을 가진 단어를 글에서 찾아 쓰시오.

5 Babymetal은 다른 헤비메탈 그룹과 달리 '어둡고 무서운 것들에 관해 노래하지 않는다'라고 나와 있다. (13~14행)

Q: Babymetal을 다른 메탈 그룹과 다르게 만드는 것은 무엇인가?

A: 그 그룹은 <u>어둡고 무서운 것들에 관해 노래하지 않는다.</u>

구문 해설

08행 In fact, their concerts are like **those** of other metal groups.
- 반복되는 명사를 대신할 때 that(단수명사를 대신) 또는 those(복수명사를 대신)를 쓴다. 위 문장의 those는 concerts를 대신한다.

15행 They also sing **about being** strong and **standing** up for themselves.
- to부정사나 동명사(동사원형 + -ing)는 모두 명사로 쓰일 수 있지만 전치사의 목적어일 때는 항상 동명사가 와야 한다.
- stand up for oneself는 '자립하다'라는 뜻이다.

17행 Babymetal shows that metal music can **make you** *feel* good about yourself.
- 〈make + 목적어 + 동사원형〉은 '~가 …하게 만들다'라는 뜻이다.
- 〈feel + 형용사〉는 '~하게 느끼다'라는 뜻이다.

16 Hand Dryers

p.54

정답 **1** ① **2** ② **3** ③ **4** Both paper towels and hand dryers are okay.
5 ⓐ (Some) scientists ⓑ your hands

지문 해석 핸드 드라이어는 공중 화장실에서 매우 흔하다. 하지만 핸드 드라이어는 별로 깨끗하지도 안전하지도 않다. 핸드 드라이어는 그 안에 많은 세균들이 있다. 당신이 버튼을 누를 때 세균들이 날아 간다. 한 핸드 드라이어는 종이 타월 한 장이 가진 것보다 500퍼센트 더 많은 세균을 뿜어낸다.

그 이상의 것도 있다. 핸드 드라이어는 세균들을 꽤 멀리 뿌릴 수 있다. (어떤 세균들은 우리 몸에 이롭다.) 연구들은 핸드 드라이어에서 나온 세균들이 공기 중으로 1미터 이상 날아간다는 것을 보여준다. 그 세균들은 또한 빨리 사라지지도 않는다. 15분 후에도 세균들은 여전히 주위에 있다.

이런 사실들 때문에 당신은 종이 타월이 핸드 드라이어보다 더 안전하다고 생각할지도 모른다. 하지만 몇몇 과학자들은 동의하지 않는다. 그들은 당신이 어떻게 손을 말리는지는 그리 중요하지 않다고 말한다. 종이 타월과 핸드 드라이어 둘 다 괜찮다. 더 중요한 것은 당신이 손을 얼마나 잘 씻는 가이다.

문제 해설 **1** 빈칸 뒤에 '세균이 많다'는 내용이 이어지므로 ① '깨끗하지도 안전하지도 (않다)'가 가장 알맞다.
② 말리기에 충분히 강하지
③ 환경에 좋지
④ 종이 타월보다 저렴하지
⑤ 일부 국가에서 흔하지

2 두 번째 단락은 핸드 드라이어에서 나오는 세균의 부정적 특성에 관한 내용이므로 긍정적인 내용인 (b)는 문맥에 어울리지 않는다.

3 이어질 내용에 대한 힌트는 대개 글의 마지막 한두 문장에서 찾을 수 있다. 마지막 문장의 내용으로 보아 손을 잘 씻는 방법에 관한 내용이 이어질 것임을 알 수 있다.

4 'A와 B 둘 다'라는 뜻은 〈both A and B〉로 나타낸다.

5 문맥상 ⓐ는 앞 문장의 주어인 (Some) scientists를, ⓑ는 17행의 your hands를 가리킨다.

구문 해설　**07행**　One hand dryer spray out 500 percents **more bacteria than** a paper towel has.
　　　　　　　　• 〈more + 명사 + than〉은 비교구문으로서 '~보다 더 많은 …'라는 뜻이다.

　　　　　　11행　The bacteria don't go away quickly, **either**.
　　　　　　　　• either는 부정문에서 '또한 (아니다)'라는 뜻으로 쓰인다. 긍정문에서 '또한'이라는 의미로는 too를 쓴다.

　　　　　　16행　They say **it** is not very important **how you dry your hands**.
　　　　　　　　• it은 가주어, how ~ hands가 진주어이다. to부정사구나 명사절이 주어일 때 주어 자리에 가주어 it을 쓰고 진주어는 문장 끝으로 간다.

focus **On** Sentences

p.056

A **1** 분수에 동전을 던지는 것은 서구 문화에서 인기 있는 전통이다.

　　2 그들의 신체 움직임은 전기를 만드는 모터를 돌린다.

　　3 Babymetal은 메탈 음악이 당신 자신에 대해 기분 좋게 느끼도록 만들 수 있다는 것을 보여준다.

　　4 그 세균들은 또한 빨리 사라지지도 않는다.

B **1** On your next visit to Rome, how about throwing an extra coin or two?

　　2 This motivates them to exercise harder.

　　3 The more important thing is how well you wash them.

C **1** People throw coins into fountains and hope their wishes come true.

　　2 If they become popular, they will have a huge impact on energy use in the future.

　　3 Both paper towels and hand dryers are okay.

Words & Phrases

p.059

A
1 행동하다	**2** 창조하다	**3** 시작하다	**4** empty	**5** recycle	**6** 애완동물

1 행동하다 **2** 창조하다 **3** 시작하다 **4** empty **5** recycle **6** 애완동물
7 먹이를 주다 **8** 놀랍게도 **9** 현대의 **10** 스트레스가 많은 **11** 결정
12 요즘에는 **13** 민감한 **14** manage **15** early **16** fall **17** 영화
18 ~ 전에 **19** glasses **20** 고대의 **21** 성인 **22** 자판기 **23** simple
24 가져오다 **25** bottle **26** 강하게 **27** brain **28** homeless **29** habit
30 발견하다 **31** 충분히 **32** tray **33** poor **34** 대답하다; 대응하다
35 powder **36** 손톱 **37** 가능성 **38** 관객 **39** real
40 ~에 대처하다, 극복하다

B **1** throw away **2** try to **3** come out **4** take care of **5** According to

17 Turkish Vending Machines

p.60

정답 **1** ④ **2** ①, ③, ④ **3** ④ **4** 사람들이 재활용을 더 많이 하고, 주인 없는 동물들에게 음식을 주기 때문에 | *Summary* | vending machine, plastic bottles, stray animals, recycle

지문 해석 자판기들은 보통 돈을 받고 과자와 탄산음료를 내준다. 하지만 터키에 있는 한 회사는 Pugedon이라 불리는 새로운 종류의 자판기를 만들어냈다. 그것은 빈 플라스틱 병과 캔을 받는다. 그것은 또한 주인 없는 개와 고양이들에게 먹이를 준다.

그 기계는 사용하기 간단하다. (C) 당신의 플라스틱 병과 캔들을 버리는 대신 가져오라. (A) 그 다음, 그것들을 기계 안으로 넣어라. (B) 그 대가로 애완동물 먹이가 기계의 바닥에 있는 접시로 떨어진다. 그러면, 개와 고양이들은 작은 플라스틱 문을 열고 먹이를 먹을 수 있다.

이것은 진정 멋진 생각이다. 사람들은 동물들에게 먹이를 주고 싶어하기 때문에 재활용을 더 많이 한다. 게다가 그것은 주인 없는 동물들에게 먹이를 준다. 많은 사람들이 집 없는 동물들을 사랑한다. 그래서 이제 그들은 이런 동물들을 도와줄 새로운 방법이 생겼다.

문제 해설 **1.** 주인 없는 동물들에게 사료를 주고 재활용도 독려할 수 있는 터키의 Pugedon이라는 자판기에 관한 내용이므로 ④ 'Pugedon: 주인 없는 동물들을 위한 멋진 생각'이 가장 알맞다.
[문제] 글의 제목으로 가장 알맞은 것은?
① 재활용의 중요성
② 다양한 유형의 자판기들
③ 당신이 자판기에서 살 수 있는 것들
⑤ Pugedon: 애완동물 주인들을 위한 완벽한 자판기

2 Pugedon 자판기는 사용하기 간편하며 사람이 작동하는 것이다. 동물은 자판기가 내놓은 먹이를 먹을 뿐이다.

3 연결어인 (A)의 Next와 (B)의 In return에 주목한다. 먼저 재활용품을 가져오고(C), 그 다음에(Next) 그것들을 자판기에 넣으면(A), 그 대가로(In return) 자판기에서 사료가 나온다는(B) 내용으로 이어지는 것이 자연스럽다.

4 바로 다음 문장에 사람들은 재활용을 더 많이 하고 주인 없는 동물들에게는 먹이를 줄 수 있다는 두 가지 긍정적인 효과가 나온다.

| Summary |

> 자판기　재활용하다　플라스틱 병들　주인 없는 동물들

터키에 있는 한 회사가 새로운 자판기를 만들었다. 이 자판기는 플라스틱 병들을 받고 주인 없는 동물들에게 먹이를 준다. 그런 식으로 사람들은 더 많이 재활용을 할 수 있고 동시에 주인 없는 동물들을 도와줄 수 있다.

구문 해설　03행　However, a company in Turkey **has created** a new kind of vending machine *called* Pugedon.

- 〈have + p.p.〉는 현재완료로 과거에 일어난 일이 현재까지 이어지는 상황을 나타낸다. 여기서는 '~을 완료했다, ~했다' 정도로 해석할 수 있다.
- called는 '~라고 불리는'의 의미로 앞의 vending machine을 수식한다.

07행　It also **gives** food **to** stray dogs and cats.

- 〈give A to B〉는 'A를 B에게 주다'란 뜻으로서 〈give B A〉로도 나타낼 수 있다.

  (= It also **gives** stray dogs and cats food.)

08행　The machine is simple **to use**.

- to use는 to부정사의 부사적 용법으로 형용사 simple을 수식한다. 'simple to use'는 '사용하기에 간단한'이라는 의미이다.

18 The History of Makeup

p.62

정답　**1** ④　**2** ①　**3** ③　| *Summary* | olive oil, kohl, whiter skin, egg white, lipstick

지문 해석　요즘에는 여자들이 외출하기 전에 종종 화장을 한다. 이것이 현대의 습관이라고 생각하는가? 사실은 화장의 역사는 매우 오래 전에 시작되었다.

고대 이집트인들은 올리브유로 만든 피부용 크림들을 사용했다. 그들은 또한 콜이라고 불리는 검은색 가루로 만들어진 아이라이너도 사용했다. 고대 로마에서는 사람들이 더 하얀 피부를 갖기 위해 특별한 크림들을 사용했다. 약 오천년 전 중국에서는 사람들이 손톱 광택제로 달걀 흰자를 사용하여 손톱에 칠을 했다. 일본 여자들도 수백 년 전에 립스틱을 바르고 얼굴에 칠을 했다.

하지만 또 다른 연구는 훨씬 더 흥미로운 가능성을 발견했다. 과학자들은 아프리카에서 빨간색 안료로 만들어진 연필들을 발견했다. 그들은 약 십만 년 전에 초기 인류가 얼굴에 색을 칠하기 위해 이 연필들을 사용했다고 생각한다. 어쨌든 화장은 아주 오랜 역사를 가지고 있는 듯하다.

문제 해설　**1** 고대 로마에는 사람들이 더 하얀 피부를 갖기 위해 특별한 크림을 사용했다. (5~6행)

2 이집트인들은 올리브유와 콜 가루를, 중국인들은 달걀 흰자를, 아프리카인들은 안료로 만든 화장품을 사용했다.

3 글 전체 내용이 인류가 화장품을 사용한 역사가 매우 오래되었다는 사실에 관한 것이고, 빈칸 바로 앞 문장에는 무려 십만 년 전에 화장품을 사용한 증거를 말하고 있으므로 ③ '매우 긴 역사를 가지고 있다'가 가장 알맞다.

① 여자들만을 위한 것이다

② 지금은 매우 다르다

④ 고대 이집트인들에게서 유래되었다

⑤ 문화권마다 다른 의미를 가지고 있다

화장의 역사	
이집트	• 올리브유로 만들어진 피부용 크림과 콜로 만들어진 아이라이너를 사용했다
로마	• 더 하얀 피부를 갖기 위해 특별한 크림들을 사용했다
중국	• 달걀 흰자로 손톱을 칠했다
일본	• 립스틱과 얼굴에 칠을 발랐다

구문 해설

01행 Nowadays, women often wear makeup **before** they go outside.
- 부사절 접속사 before는 '~하기 전에'라는 뜻이다. 반대말은 'after(~한 후에)'이다.

04행 The ancient Egyptians used skin creams **made from** olive oil.

11행 Scientists discovered pencils **made of** red pigments in Africa.
- made from과 made of는 모두 '~로 만들어진'의 의미이다. 단 made from은 재료가 원래 상태와 다를 때, made of는 재료가 무엇인지 알아볼 수 있을 때 쓴다.
- made from은 skin creams를, made of는 pencils를 각각 수식한다.

13행 **It seems (that)** makeup has a very long history after all.
- It seems (that)은 '~인 듯하다'라는 뜻이다. 접속사 that은 종종 생략된다.

19 Stress for Teens

p.64

정답 **1** ⑤ **2** ① **3** (1) T (2) F **4** manage

5 they often act without thinking of the outcome

지문 해석 많은 성인들은 십대 시절을 재미있는 시기라고 생각한다. 그들은 학교, 숙제, 그리고 친구들이 일하는 것, 돈 버는 것, 그리고 가족을 돌보는 것만큼 스트레스를 주지 않는다고 믿는다.

그러나 새로운 연구에 따르면 십대들의 뇌는 그들이 이십대 중반일 때까지 완전히 발달되지 않는다. 따라서 십대들의 뇌는 스트레스에 매우 민감하다. 이것은 십대들이 성인들보다 더 강하게 스트레스를 느낀다는 것을 의미한다. 게다가 십대들은 스트레스를 잘 관리하지 못한다. 십대들이 스트레스를 받으면 그들은 종종 결과에 대해 생각하지 않고 행동한다. 이것은 그들이 좋지 못한 결정들을 하도록 이끈다.

스트레스는 발생한다. 그것은 어쩔 수 없는 현실이다. 하지만 중요한 것은 사람들이 이런 상황들에 어떻게 대응하는가이다. 그러므로 성인들은 이것을 이해하고 십대들이 스트레스에 잘 대처하도록 도와야 한다.

문제 해설 **1** 통념과는 달리 십대들이 성인들보다 더 강하게 스트레스를 느낀다는 내용이므로 ⑤ '십대들은 성인들보다 스트레스를 더 많이 느낄 수 있다'가 가장 알맞다.
① 성인의 삶은 매우 힘들다.
② 십대의 뇌는 연구하기 어렵다.
③ 스트레스는 우리 삶의 큰 문제이다.
④ 성인들은 십대들을 잘 이해하지 못한다.

2 ⓑ~ⓔ는 모두 teens(십대들)을 가리키지만 ⓐ는 adults(성인들)을 가리킨다.

3 (1) 십대들의 뇌는 이십대 중반까지 완전히 발달되지 않는다고 나온다. (7~9행)
(2) 십대들은 스트레스를 잘 관리하지 못한다고 나온다. (11~12행)

4 'cope with stress(스트레스에 대처하다)'는 'manage stress(스트레스를 관리하다)'로 대신할 수 있다. (11~12행)

5 십대들이 스트레스를 받으면 결과에 대해 생각하지 않고 행동함으로써 좋지 못한 결정들을 하게 된다는 내용이 나온다. (12~14행)

Q: 십대들은 왜 스트레스를 받으면 좋지 못한 결정들을 하는가?

A: 종종 결과에 대해 생각하지 않고 행동하기 때문에

구문 해설

01행 Many adults **think of** the teenage years **as** *times* of fun.
- 〈think of A as B〉는 'A를 B라고 생각하다'라는 뜻이다.
- 복수형 times는 '시대, 시기'라는 뜻으로 종종 쓰인다.

02행 They believe school, homework, and friends are not **as stressful as** working, making money, and taking care of one's family.
- 〈as + 형용사 원급 + as〉는 '~만큼 …한'의 의미이다. not as stressful as는 '~만큼 스트레스를 주지 않는'이라는 뜻이 된다.

07행 ···, the brains of teens **are not** fully **developed** *until* they are in their mid-twenties.
- are developed는 수동태로서 '발달된다'의 의미이다. 수동태의 부정문은 be동사 뒤에 not을 붙인다.
- 부사절 접속사 until은 '~할 때까지'라는 뜻이다.

13행 This **leads them to make** *poor* decisions.
- 〈lead + 목적어 + to-v〉는 '~가 …하도록 이끌다'라는 뜻이다.
- poor는 '좋지 못한'이라는 뜻으로 쓰였으며, make poor decisions는 '좋지 못한 결정을 하다'

20 3D Movies

p.66

정답	**1** ①	**2** ④	**3** ③	**4** audience

지문 해석

2009년에 영화 〈아바타〉가 3D로 나와서 전 세계적으로 큰 성공을 거두었다. 많은 다른 3D 영화들도 2000년대에 나왔다. 그러나 놀랍게도 3D 영화들은 새로운 것이 아니다.

Harry Fairall이라는 이름의 한 영화 제작자는 한 편의 3D 영화를 만들기 위해 노력했다. 사실 영화 제작자들은 이 영화 이전에 몇 편의 3D 영화들을 시험했다. 하지만 Fairall의 영화는 관객들에게 상영된 최초의 것이었다. 그 영화는 〈사랑의 힘〉이라고 불리는 사랑 이야기였다. (사랑은 영화에서 흔한 주제이다.) 그것은 1922년 9월 27일에 한 대형 호텔에서 상영되었다.

그의 영화를 만들기 위해 Fairall은 두 대의 카메라를 사용했다. 그는 동시에 두 편의 영화를 보여줬다. 영화 한 편은 초록색이었고 나머지 한 편은 빨간색이었다. 관객들이 특별한 안경을 쓰면 그 영화는 3D로 보였다.

오늘날 3D 영화들은 매우 인기가 있다. 하지만 영화 제작자들은 아주 오래 전부터 영화를 <u>더 실제 같아 보이도록</u> 만들기 시작했다.

문제 해설

1 Fairall의 영화보다 앞서 시험 제작된 3D 영화가 있었으며, Fairall의 영화는 관객들에게 상영된 3D 영화로서 최초이다. (5행)

2 Fairall이 제작한 3D 영화에 관한 내용이므로 (d) '사랑은 영화에서 흔한 주제이다'라는 문장은 이 글의 흐름에 맞지 않는다.

3 문맥상 3D 영화를 의미하는 내용이 와야 하므로 ③ '더 실제 같아 보이도록'이 가장 알맞다.
① 더 깨끗해 보이도록　　　② 더 재미있어 보이도록
④ 더 색채가 화려해 보이도록　　　⑤ 더 창의적으로 보이도록

4 '특정 프로그램을 시청하거나 듣는 사람들'을 나타내는 말은 audience(관객)이다. (6, 12행)

07행 However, Fairall's film was *the first* **to play** to an audience.

- the first는 '최초의 것'의 의미로 the first film과 같은 말이다.
- to play는 to부정사의 형용사적 용법으로 the first를 수식한다.

12행 **One** piece of film was green, and **the other** was red.

- 둘 중에서 '하나는 ~, 다른 하나는 …'은 one ~ the other …로 표현한다.

17행 But moviemakers **started to** *make movies look* more real a very long time ago.

- 〈start + to-v/-ing〉는 '~하기 시작하다'라는 뜻이다. to부정사와 동명사 모두 start의 목적어로 올 수 있다.
- 〈make + 목적어 + 동사원형〉은 '~가 …하게 하다'라는 뜻이다. 목적어 뒤에 동사원형(look)이 온다는 점에 유의한다.

focus On Sentences

p.068

A
1. 그 기계는 사용하기 간단하다.
2. 어쨌든 화장은 아주 오랜 역사를 가지고 있는 듯하다.
3. 많은 성인들이 십대 시절을 재미있는 시기라고 생각한다.
4. 십대들의 뇌는 그들이 이십대 중반일 때까지 완전히 발달되지 않는다.

B
1. The ancient Egyptians used skin creams made from olive oil.
2. This leads them to make poor decisions.
3. Fairall's film was the first to play to an audience.

C
1. Bring your plastic bottles and cans instead of throwing them away.
2. Adults should understand this and help teens cope with stress well.
3. Many other 3D movies also came out in the 2000s.

Words & Phrases

A
1 dangerous	2 도구	3 힘	4 firefighter	5 벌목공	6 고통스러운
7 반복하다	8 운동선수	9 prize	10 fat	11 제품	12 톱
13 (돈을) 벌다	14 sting	15 충분한	16 correctly	17 약, 약물	18 ability
19 비명을 지르다	20 피	21 부족	22 모으다, 수집하다		
23 heat	24 부상	25 놀란	26 insect	27 grade	28 spend
29 die	30 last	31 물다	32 stand	33 독특한	34 focus
35 들어가다; 출전하다	36 outside	37 ~ 동안	38 피곤한	39 (잠에서) 깨다	
40 적어도					

B
1 is famous for　2 worry about　3 is good for　4 take part in　5 study for an exam

21 A Dangerous Job

> 정답　1 ②　2 ⑤　3 ③　4 police officer, firefighter
>
> | *Summary* | dangerous, bad weather, heights, enough

지문 해석　세상에서 가장 위험한 직업은 무엇일까? 경찰관? 소방관? 당신은 그것이 이들 중 어느 것도 아니라는 것을 알고서 놀랄지도 모르겠다. 세상의 가장 위험한 직업은 사실 벌목이다. 벌목공들은 종이와 목재 제품들을 만들기 위해 나무를 베어낸다.

벌목공들은 그들 하루의 대부분을 밖에서 보내는데, 종종 궂은 날씨와 고지대에서 보낸다. 그들은 불도저, 대형 트럭, 거대한 화물적재기 같은 크고 위험한 기계들과 함께 일한다. (경찰은 범죄자들을 잡고 소방관들은 불을 끈다.) 도끼와 톱 같은 더 작은 연장들도 부상을 초래할 수 있다. 벌목공들은 일하는 동안 높은 곳에서 떨어져 다칠지도 모른다.

벌목공은 연간 약 35,000달러를 번다. 이것이 아주 적은 것은 아니지만, 미국에서는 해마다 많은 벌목공들이 사망한다. 위험한 일을 하는 사람들이 더 많은 돈을 벌어야 한다고 생각하지 않는가?

문제 해설　**1** 벌목공들은 악천후와 고지대에서 크고 위험한 기계와 도구들을 가지고 일을 한다고 했으나, 산사태 위험은 언급되지 않았다.

2 벌목이 위험한 일임을 설명한 뒤 위험한 일을 하는 사람들이 더 많은 돈을 벌어야 하지 않겠냐는 물음으로 글을 끝내므로 ⑤ '벌목공들은 더 많은 돈을 벌어야 한다'가 가장 적절하다.
① 벌목공들은 매우 부지런하다.
② 헬멧을 쓴다면 벌목은 안전할 수 있다.
③ 경찰관들과 소방관들은 벌목공들보다 더 열심히 일한다.
④ 연간 35,000달러는 매우 낮은 임금이다.

3 두 번째 단락은 벌목이 얼마나 위험한 일인지를 설명하는 부분이므로 (c) '경찰은 범죄자들을 잡고 소방관들은 불을 끈다'는 글의 흐름에 어울리지 않는다.

4 바로 앞 문장에 나온 police officer와 firefighter를 가리킨다.

| Summary |

굳은 날씨   고지대   충분한   위험한

벌목은 가장 <u>위험한</u> 일들 중 하나이다. 벌목공들은 <u>굳은 날씨</u>에도 밖에서 일을 한다. 장비나 연장에 의해 다치는 것뿐만 아니라, 그들은 때때로 <u>고지대</u>에서 떨어질지도 모른다. 그들의 임금이 너무 낮지는 않다. 하지만 그들이 일하는 것을 본다면, 당신은 그것이 <u>충분</u>하지 않다고 느낄지도 모른다.

구문 해설

02행 You might be surprised to know that it is **neither of** these.
  • neither of는 '~중 어느 것도 (아니다)'라는 뜻이다.

11행 Loggers may fall from heights and **be hurt** while they work.
  • be hurt는 수동태(be + p.p.)로서 '다치다'란 뜻이다. hurt는 현재, 과거, 과거분사형이 모두 동일하다.

13행 A logger earns about $35,000 **a year**.
  • 부정관사 a는 단위를 나타내어 '~ 당, 매 ~마다'의 뜻을 나타낸다. a year는 '1년에, 연간'의 뜻이 된다.

15행 Don't you think that **people** [**who** do dangerous jobs] should make more money?
  • [ ]는 people을 수식하는 주격 관계대명사절이다. 수식하는 명사가 사람(people)이므로 관계대명사 who가 쓰였다.

22 **Bullet Ants**

p.074

정답   **1** ④   **2** ③   **3** ④   **4** 소년들이 이 의식을 스무 번이나 반복해야 하므로
5 The boys must stand the pain for 10 minutes. And they must not scream during the process.

지문 해석

총알개미는 그것의 고통스러운 침으로 유명하다. 이름이 암시하는 것처럼, 그것은 총에 맞은 것 같은 느낌이 든다. 그리고 그 통증은 24시간 계속된다! 브라질의 한 부족인 사테레마우에(Satere-Mawe) 부족은 총알개미를 그 부족의 성인식에 사용한다.

의식을 위해 부족 구성원들은 개미를 채집하고 특별한 약품으로 그 개미를 잠자게 한다. 그 다음 그들은 이 개미들을 장갑에 넣는다. 어린 소년들이 장갑을 끼면 개미들은 깨어나서 물기 시작한다. 그 소년들은 십분 동안 그 고통을 참아야 한다. 그리고 그들은 그 과정 동안 비명을 질러서는 안 된다. 하지만 그것은 단지 시작에 불과하다. 소년들은 이 의식을 스무 번이나 반복해야 한다.

이 부족은 그 의식이 어린 소년들이 성인 남자가 되도록 만든다고 믿는다. 많은 문화권들이 독특한 성인식을 갖고 있다. 하지만 사테레마우에 부족에서 성인 남자가 되는 것은 매우 <u>어렵</u>다.

문제 해설

1 총알개미가 무는 고통을 참아야 하는 사테레마우에 부족의 성인식에 관한 내용이므로 ④ '고통스러운 성인식'이 가장 알맞다.
  [문제] 무엇에 관한 글인가?
  ① 총알개미에게 쏘인 상처를 치료하는 방법
  ② 총알개미 장갑을 만드는 방법
  ③ 다양한 성인식
  ⑤ 세상에서 가장 위험한 곤충들

2 총알개미 장갑을 끼고 고통을 참는 의식이 소년들을 성인 남자로 만들어 준다고 믿는다고 했으므로 성인이 되기 위한 통과의례 절차임을 알 수 있다. (10~11행)

3 총알개미가 무는 것을 오랫동안 참는 것은 매우 고통스러우므로 사테레마우에 부족에서 성인이 되는 것은 ④ '어려운' 일이다.

    ① 재미있는   ② 쉬운   ③ 지루한   ⑤ 중요한

4 바로 다음 문장에 소년들이 이 의식을 스무 번 반복해야 한다는 내용이 나온다.

5 소년들은 총알개미 장갑을 끼고 십분 동안 고통을 참아야 하며 소리를 질러서도 안 된다. (7~8행)

구문 해설

01행 **As** the name implies, it *feels like getting* shot.
- as는 접속사로서 '~처럼, ~대로'라는 뜻이다.
- ⟨feel like + 명사/-ing⟩는 '~같은 느낌이 들다'라는 뜻이다. 주어가 사람이면 '~하고 싶다'의 뜻이 된다.
  cf. I *feel like going* for a bike ride. (자전거 타러 가고 싶다.)

04행 For the ceremony, tribe members collect the ants and **make the ants sleep** with a special drug.
- ⟨make + 목적어 + 동사원형⟩은 '~가 …하게 만들다'라는 뜻이다.

07행 The boys **must stand** the pain for 10 minutes.
- ⟨must + 동사원형⟩은 '~해야 한다'라는 뜻이다. 비슷한 표현으로는 ⟨have to + 동사원형⟩이 있다.

11행 But **it** is very difficult **to become a man in the Satere-Mawe tribe**.
- it은 가주어, to become ~ tribe가 진주어이다. to부정사구가 주어일 때 가주어 it을 쓸 수 있으며, 가주어 it은 따로 해석하지 않는다.

23 The Jungle Marathon

p.076

정답	**1** ⑤	**2** ④	**3** ②	**4** they want to test themselves in the Amazon jungle	**5** athlete

지문 해석   마라톤에서 주자들은 40킬로미터 이상을 달리는 동안 스스로를 채찍질해야 한다. 그것은 운동선수에게 진정한 힘의 시험이다. 하지만 어떤 사람들에게 보통의 마라톤은 충분하지 않다. 그들은 아마존 정글에서 스스로를 시험해보길 원한다.

  이 정글 마라톤 거리는 220킬로미터 이상이며 마치는 데 일주일이 걸린다. 주자들은 야생 동물의 공격과 곤충의 물림, 끔찍한 더위를 걱정해야 한다. 그들은 또한 정글 야외에서 잠을 잔다. 때때로 주자들은 심지어 강에서 위험한 물고기들과 함께 수영도 해야 한다. 마라톤을 하는 동안 거의 모두가 부상을 당한다.

  매년 약 60명의 사람들이 그 마라톤에 참가하지만 실제로 적은 수만이 그것을 완주한다. 참가하는 데 3,000 달러의 비용이 들고, 완주한 것에 대해 상금은 없다. 하지만 적어도 당신은 모두에게 당신이 살아남았다고 말할 수 있다!

문제 해설

1 3,000달러는 상금이 아니라 참가비이다. (11행)

2 주자들은 야생 동물 공격과 곤충의 물림, 끔찍한 더위를 걱정해야 하며 정글 야외에서 잔다고 했지만 식량에 관한 언급은 없다. (6~7행)

3 정글에서의 마라톤은 매우 위험해서 완주하기도 쉽지 않으므로 그러한 위험 속에서 ② '당신이 살아남았다'는 내용이 오는 것이 가장 알맞다.

    ① 당신은 부자이다   ③ 당신은 동물을 좋아한다

    ④ 이 마라톤은 안전하다   ⑤ 당신은 약간의 여윳돈을 얻는다

4 일반 마라톤에 만족하지 않는 일부 사람들이 아마존 정글에서 스스로를 시험해보길 원한다는 내용이 나온다. (2~4행)

   Q: 일부 사람들이 정글 마라톤에 참가하는 이유는 무엇인가?

   A: <u>아마존 정글에서 스스로를 시험해보길 원하기 때문에</u>

5 '스포츠나 운동을 잘하는 사람'을 나타내는 단어는 athlete(운동선수)이다. (2행)

   [문제] 다음 주어진 뜻을 가진 단어를 글에서 찾아 쓰시오.

구문 해설

01행 In a marathon, runners **need to *push*** themselves for over 40 kilometers.

- 〈need + to-v〉는 '~할 필요가 있다, ~해야 한다'라는 뜻이다.
- push oneself는 '스스로를 채찍질하다, (무리하게, 힘껏) 노력하다'라는 뜻이다.

05행 This jungle marathon is over 220 kilometers long and **takes a week to finish**.

- 〈take + 시간 + to-v〉는 '~하는 데 …의 시간이 걸리다'라는 뜻이다.

09행 **While** (they are) running the marathon, almost everyone *gets injured*.

- 접속사 while 뒤에 they are이 생략되었다. 부사절과 주절의 주어가 같을 경우에 부사절의 〈주어 + be동사〉는 생략할 수 있다.
- 〈get + p.p.〉는 수동태로서 '~되다'라는 뜻이다. 〈be + p.p.〉 수동태보다 상태의 변화를 강조하여 나타낸다.

11행 **It costs $3,000 to enter**, and there is no money prize for finishing it.

- 〈It costs + 비용 + to-v〉는 '~하는 데 …의 비용이 들다'라는 뜻이다.

24 Is Chocolate Bad for You?

p.078

정답	**1** ②	**2** (1) T (2) F	**3** ②	**4** do some math

지문 해석 많은 사람들이 초콜릿은 당신의 건강에 좋지 않다고 믿는다. 너무 많은 초콜릿을 먹는 것은 당신을 살찌게 만들고 치아에도 좋지 않다. 하지만 최근의 한 연구는 초콜릿이 두뇌에 좋다는 것을 알아냈다.

   영국의 몇몇 연구자들이 한 그룹의 사람들에게 뜨거운 코코아 음료를 주고 계산을 할 것을 요청했다. 그런 다음 그들은 또 다른 그룹의 사람들에게 같은 것을 하라고 요청했으나 그들 중 누구에게도 코코아 음료를 주지 않았다. 그 결과는 첫 번째 그룹이 두 번째 그룹보다 더 빠르고 정확하게 계산을 한 것이었다. 그들은 또한 피곤함을 덜 느꼈다.

   초콜릿에는 플라바놀(flavanols)이라고 불리는 화학물질이 있다. 플라바놀은 두뇌로 가는 혈류를 증가시킨다. 이 혈류는 당신의 배우고, 집중하고, 기억하는 능력을 향상시킨다. 그러므로 시험 공부를 할 때는 초콜릿을 좀 먹어라. 그것은 실제로 당신이 더 좋은 성적을 얻도록 도와줄지도 모른다.

문제 해설

1 계산, 학습, 기억력을 향상시켜주는 초콜릿의 효능에 관한 글이므로 ② '초콜릿은 당신이 공부하는 것을 도와줄 수 있다'가 가장 알맞다.

   ① 초콜릿은 낭신에게 좋지 않다.

   ③ 초콜릿은 당신이 행복하게 느끼도록 해준다.

   ④ 당신은 정기적으로 초콜릿을 먹어야 한다.

   ⑤ 코코아 음료는 초콜릿 바보다 더 낫다.

2 코코아 음료를 마신 그룹은 계산을 더 빠르고 정확하게 했으며 피곤함도 덜 느꼈다. (8~10행)

3 초콜릿을 먹으면 두뇌로 가는 혈류가 증가되어 배우고, 집중하고, 기억하는 능력이 향상된다고 했다. (11~13행)

   스트레스에 관한 내용은 언급되어 있지 않았다.

4 바로 앞 문장에서 첫 번째 그룹에게 do some math를 요청한 내용이 나오므로 do the same thing은 이 부분을 가리킨다.

구문 해설　**02행**　**Eating too much chocolate** *makes you fat* and is bad for your teeth.

　　　　　　　　• Eating too much chocolate은 동명사구 주어로 '너무 많은 초콜릿을 먹는 것'으로 해석한다.

　　　　　　　　• 〈make + 목적어 + 형용사〉는 '~를 …하게 만들다'라는 뜻이다.

　　　　　　05행　Some researchers in Britain **gave a group of people a hot cocoa drink** and *asked them to do some math.*

　　　　　　　　• 〈give + A(간접목적어) + B(직접목적어)〉는 'A에게 B을 주다'라는 뜻이다.

　　　　　　　　• 〈ask + 목적어 + to-v〉는 '~에게 …할 것을 요청하다'라는 뜻이다.

　　　　　　12행　This blood flow improves your **ability to learn**, **focus**, and **remember**.

　　　　　　　　• 〈ability + to-v〉는 '~하는 능력'의 의미이다. 여기서 to부정사는 ability를 수식하는 형용사적 용법으로 쓰였다.

focus On Sentences

p.080

A　**1** 당신은 그것이 이들 중 어느 것도 아니라는 것을 알고서 놀랄지도 모른다.

　　2 그 소년들은 십분 동안 그 고통을 참아야 한다.

　　3 그리고 그들은 그 과정 동안 비명을 질러서는 안 된다.

　　4 너무 많은 초콜릿을 먹는 것은 당신을 살찌게 만든다.

B　**1** As the name implies, it feels like getting shot.

　　2 It costs $3,000 to enter, and there is no money prize for finishing it.

　　3 This blood flow improves your ability to learn, focus, and remember.

C　**1** The bullet ant is famous for its painful sting.

　　2 Every year, about 60 people take part in the marathon.

　　3 A recent study found that chocolate is good for the brain.

Words & Phrases

p.083

A						
1 most	**2** trend	**3** 소개하다	**4** 팔찌	**5** sugar	**6** side
7 work	**8** kill	**9** secret	**10** busy	**11** 병, 단지	**12** 아주 작은
13 invention	**14** keep	**15** leave	**16** 속임수; 속이다		**17** 흔들다
18 hungry	**19** 빠르게	**20** upset	**21** 양	**22** jam	**23** screen
24 ~ 맛이 나다	**25** 손목	**26** touch	**27** explain	**28** 계획, 사업	**29** 기아
30 이상적인	**31** 목록; 목록에 올리다		**32** low	**33** 폭격하다	**34** end
35 without	**36** 신호	**37** 연료	**38** 그 동안에	**39** 방수의	**40** ~을 보다

B				
1 turn, into	**2** go down	**3** are pleased with	**4** skip a meal	**5** surf the Internet

25 Fruit Jams

p.084

정답	**1** ③	**2** (1) T (2) F	**3** ⑤	**4** 세 가지 다른 종류의 당분을 사용하는 것	**5** healthy, sugar

지문 해석 딸기나 사과 같은 과일 잼들은 매우 단맛이 난다. 그 이유는 그것들 안에 많은 당분이 있기 때문이다. 하지만 병 옆면에 있는 성분 목록을 본 적 있는가? 그것은 대개 당분이 아닌 딸기나 사과를 먼저 목록에 올린다.

대부분의 과일 잼들은 과일과 같은 양 또는 심지어 더 많은 당분을 포함하고 있다. 하지만 과일 잼 회사들은 당분을 첫 번째 성분으로 목록에 올리지 않는다. 대신에 그들은 특별한 속임수를 사용한다. 그들은 세 가지 다른 유형의 당분, 즉 옥수수 시럽, 액상과당, 그리고 설탕을 사용한다. <u>이런 식으로 각 유형의 당분은 과일보다 목록 아래에 올려질 수 있는 것이다.</u>

그들은 왜 이렇게 하는가? 대부분의 사람들은 과일 잼이 건강에 좋다고 생각한다. 그들이 잼 안에 얼마나 많은 당분이 있는지를 안다면 그 회사들의 판매량은 떨어질지도 모른다. 이 회사들은 그들의 고객들을 속이는 방법을 진정으로 알고 있는 것이다.

문제 해설 **1** 건강에 나쁜 당분을 과일보다 성분 목록의 아래에 오게 하기 위한 잼 회사의 꼼수를 설명하는 글이므로 ③ '잼 회사들에 의해 이용되는 속임수'가 가장 알맞다.
　① 각기 다른 유형의 당분
　② 설탕은 우리 건강에 어떻게 영향을 미치는가
　④ 잼을 더 맛있게 만드는 방법
　⑤ 성분 목록은 왜 중요한가

2 (1) 잼 회사들은 대개 과일을 성분 목록에 첫 번째로 올린다. (4~5행)
　(2) 과일 잼에는 과일과 같거나 더 많은 양의 당분이 들어있다. (6~7행)
　(1) 과일 잼 회사들은 과일을 첫 번째 성분으로 목록에 올린다.
　(2) 대부분의 과일 잼에는 당분보다 과일이 더 많다.

3 주어진 문장의 This way(이런 식으로)로 보아, 앞에는 당분이 과일보다 성분 목록 아래에 오게 하는 방법이 나오는 것이 자연스럽다.

4 바로 다음에 나오는 문장에 설명되어 있다. 즉 세 가지 다른 종류의 당분을 사용함으로써 함유량을 낮추고 각각의 당분이 과일보다 더 아래에 오게 하는 방법이다.

5 사람들은 과일 잼이 <u>건강에 좋</u>다고 생각하지만, 사실 그것들은 많은 양의 <u>당분</u>을 가지고 있다.

구문 해설 　02행　**The reason is that** there is a lot of sugar in them.
　　　　　・The reason is that은 '그 이유는 ~ 때문이다'라는 의미로 앞 내용에 대한 이유를 설명한다.

　12행　If they know **how much sugar is in the jams**, the *companies'* sales may go down.
　　　　　・how much ~ jams는 '잼 안에 얼마나 많은 당분이 있는지'라는 뜻이다. 의문문이 문장의 일부로 쓰인 간접의문문은 〈의문사 + 주어 + 동사〉의 어순을 쓴다.
　　　　　・명사의 소유격은 〈명사 + 's〉로 나타내지만 -s로 끝나는 명사나 복수명사의 경우 〈'〉만 붙인다.

　14행　These companies really know **how to trick** their customers.
　　　　　・〈how + to-v〉는 명사구로서 '~하는 방법'이란 뜻이다.

26 The Arm-Touch Screen
　　　　　　　　　　　　　　　　　　　　　　　　　　　　　p.086

정답　　**1** ①　　**2** ④　　**3** This cool invention is almost ready to sell.　　**4** small

지문 해석　스마트워치는 웨어러블(착용 가능한) 컴퓨터의 새로운 유행이다. 하지만 많은 사람들은 그것들에 만족하지 않는다. 그것들의 화면은 너무 작아서 사용하기가 쉽지 않다. 만약 화면을 보기를 원한다면 당신은 그것들을 가까이 봐야 한다.

최근에 한 프랑스 회사가 Cicret이라 불리는 새로운 유형의 기기를 소개했다. 그것은 팔찌처럼 생겼으며 그 안에 작은 영사기가 있다. 손목을 흔들었을 때 그것은 당신의 팔에 화면을 쏜다. 당신은 팔에 손을 대는 것만으로 이메일을 읽고, 인터넷을 검색하고, 게임도 하고, 심지어 전화를 걸 수도 있다. 그 기기는 또한 방수 기능이 있으며 USB 단자도 있다.

이 멋진 발명품은 판매할 준비가 거의 되었다. 이 발명품으로 당신은 언제 어디서든지 당신의 피부를 터치스크린으로 바꿀 수 있다. 웨어러블 기술은 빠르게 성장하고 있다. 아마도 미래에는 당신의 손이 당신의 스마트폰이 될 것이다.

문제 해설　**1** 바로 다음 문장에 '화면이 작아 사용하기 쉽지 않다'는 내용이 나온다. (4~5행)
　2 Cicret은 방수 기능이 있으므로 ④ '물에 의해 쉽게 손상된다'는 글의 내용과 일치하지 않는다. (11행)
　　① 그것은 팔찌처럼 생겼다.
　　② 그것은 안에 영사기가 있다.
　　③ 당신은 그것으로 인터넷을 검색할 수 있다.
　　⑤ 그것은 USB 단자가 있다.
　3 '~할 준비가 되다'는 〈be ready to-v〉로 나타낸다. almost는 수식하는 말 앞에 와서 '거의'의 뜻을 나타낸다.
　　(거의 준비가 된: almost ready)
　4 tiny는 '아주 작은'의 의미로 small로 바꿔 쓸 수 있다. (4행)

구문 해설　05행　If you **want to see** the screens, you must look at them closely.
　　　　　・want는 목적어로 명사나 to부정사가 온다. 〈want + to-v〉는 '~하기를 원하다'라는 뜻이다.

　08행　It **looks like** a bracelet and has a tiny projector in it.
　　　　　・look like는 '~처럼 생기다'라는 의미이다. like는 전치사로서 '~처럼, ~같이'의 의미이다.

　13행　**With** this invention, you can *turn* your skin *into* a touchscreen anytime, anywhere.
　　　　　・with는 도구를 나타내어 '~을 가지고, ~으로'라는 뜻이다.
　　　　　・〈turn A into B〉는 'A를 B로 바꾸다'라는 뜻이다.

27 The Leningrad Seedbank

정답	**1** ④ **2** ③ **3** (1) F (2) T **4** they knew the seeds were very important
	| *Summary* | World War II, seed bank, leave, protect

지문 해석   레닌그라드 종자은행은 러시아에서 매우 중요한 사업이었다. 밀실에는 370,000개 이상의 종자들이 있었다. 그 방에는 여러 다른 식물들의 종자들이 보관되어 있었다. 러시아인들은 그 종자들이 세계의 기아를 끝낼 수 있으리라고 희망했다.

제2차 세계 대전 동안에 독일인들은 러시아의 레닌그라드 시를 공격했다. 28개월 동안 독일인들은 그 도시를 폭격하여 수천 명의 사람들을 죽였다. 그 동안 한 과학자 집단은 아주 중요한 임무를 갖고 있었다. 그들은 레닌그라드 종자은행을 독일인들로부터 보호해야 했다. 과학자들은 식량도 없이 종자은행에 머물렀다. 먹을 수 있는 종자들이 많이 있었지만 과학자들은 그것들을 먹지 않았다. 그들은 그 종자들이 매우 중요하다는 것을 알고 있었다.

1945년, 제2차 세계 대전이 끝났고 독일인들은 레닌그라드 시를 떠났다. 열두 명의 과학자들은 그 종자들을 먹기보다는 굶어 죽었다. 그들의 영웅적 행위 덕분에 세계 최초의 종자은행은 전쟁에서 살아남았다.

문제 해설   **1** 굶어 죽으면서까지 종자들을 지켜낸 레닌그라드 종자은행의 과학자들에 관한 글이므로 ④ '레닌그라드 종자은행의 영웅들'이 가장 알맞다.
① 종자은행의 역할들
② 제2차 세계 대전의 영웅들
③ 전 세계의 종자은행
⑤ 레닌그라드 종자은행: 세계 최초의 종자은행

2 당시 러시아인들은 종자들이 세계의 기아 문제를 끝낼 수 있으리라 희망했다고 나온다. (3~4행)

3 (1) 과학자들은 굶주림으로 사망했다. (13행)
(2) 이들 과학자들 덕분에 세계 최초의 종자은행이 살아남게 됐다는 내용이 나온다. (13~14행)
⑴ 과학자들은 병으로 죽었다.
⑵ 과학자들은 결국 종자들을 구했다.

4 과학자들이 종자를 먹지 않은 이유는 그것들이 매우 중요하다는 것을 알고 있었기 때문이다. (10~11행)
Q: 왜 과학자들은 종자를 먹지 않았는가?
A: 그 종자들이 매우 중요하다는 것을 알고 있었기 때문에

\| *Summary* \|

보호하다   떠나다   제2차 세계 대전   종자은행

제2차 세계 대전 동안 독일인들은 러시아의 레닌그라드 시를 공격했다. 그 도시에는 종자은행이 있었다. 과학자들은 종자은행을 떠날 수가 없었고 종자들을 먹지도 않았다. 결국 과학자들은 종자를 보호하기 위해 굶어 죽게 됐다.

구문 해설   03행   The Russians **hoped** the seeds **could** end world hunger.
• 주절의 동사 hoped가 과거 시제이므로 시제 일치에 의해 can의 과거형 could가 왔다.

08행   They **had to** *protect* the Leningrad Seedbank *from* the Germans.
• had to는 have to의 과거형으로 '~해야 했다'로 해석한다.
• 〈protect A from B〉는 'A를 B로부터 보호하다'라는 뜻이다.

13행 **Thanks to** their heroism, the world's first seedbank *survived* the war.
  • thanks to는 '~ 덕분에'라는 뜻이다.
  • 타동사의 목적어는 대부분 '~을'이라고 해석되지만 그렇지 않은 동사들도 있으므로 주의한다.
    cf. survive(~에서 살아남다), marry(~와 결혼하다), reach(~에 도달하다) 등.

28 Are You Hangry?

p.090

| 정답 | **1** ③ | **2** ② | **3** ③ | **4** 네다섯 시간 마다 | **5** hungry, angry |

지문 해석　당신은 아침을 먹지 않았고 시간이 오전 11시라고 상상해보라. 당신은 매우 배가 고프다. 이제 사소한 것들이 당신을 화나게 한다. 당신은 "배가 고파 화남"을 느끼기 시작할지도 모른다.
　　hangry라는 단어는 당신이 배가 고프면서 화가 날 때의 느낌을 설명한다. 실제로 많은 사람들이 배가 고파 화를 내며, 과학자들은 그들이 왜 이렇게 하는지를 설명할 수 있다. 식사를 거를 때, 당신의 혈당은 내려간다. 이 당분은 포도당이라고 불리는데, 그것은 당신의 두뇌가 잘 기능하도록 돕는다. 포도당 수치가 너무 낮으면 당신은 쉽게 화가 날 수 있다. 당신은 또한 피곤함을 느낄지도 모르고 집중을 잘 할 수 없다.
　　배고픔은 당신의 두뇌가 더 많은 연료를 필요로 한다는 신호이다. 따라서 배가 고파 화가 난다면 뭘 좀 먹도록 노력해라. 과학자들은 네다섯 시간마다 식사를 하는 것이 이상적이라고 말한다. 하지만 당신이 너무 바쁘다면 건강에 좋은 간식을 먹는 것도 도움이 될 수 있다.

문제 해설　**1** 'hangry(배고파서 화나는)'라는 단어를 통해 사람이 배가 고프면 화가 나는 이유에 대해 설명하는 내용이므로 ③ '사람들이 배고파 화나는 이유'가 가장 알맞다.
　　[문제] 무엇에 관한 글인가?
　　① 포도당은 어떻게 당신의 두뇌를 돕는가
　　② 분노가 어떻게 당신의 건강에 영향을 미치는가
　　④ 당신의 두뇌에 좋은 음식들
　　⑤ 아침을 먹는 것의 중요성

　2 식사를 거르면 혈당이 떨어지고(7~8행), 혈당이 떨어지면 쉽게 화를 내며 피곤함을 느끼고 집중을 잘 할 수 없다고 했다(9~10행). 그러나 심장 박동에 관한 언급은 없다.

　3 빈칸 뒤에 뭘 좀 먹도록 노력하라고 했으므로, 배고픔은 뇌가 ③ '더 많은 연료를 필요로 하다'는 신호라고 하는 것이 가장 알맞다.
　　① 바쁘지 않다
　　② 더 잘 작동한다
　　④ 너무 많이 생각한다
　　⑤ 충분한 포도당을 가지고 있다

　4 〈every + 복수명사〉는 '~마다'라는 뜻이다.

구문 해설　09행 Glucose **helps your brain work** well.
  • 〈help + 목적어 + (to)동사원형〉은 '~가 …하도록 돕다'라는 뜻이다.

12행 Hunger is **the signal** [**that** your brain needs more fuel].
  • that절은 the signal의 구체적인 내용에 해당한다. 이때의 that절을 동격절이라고 하며 '~라는 신호'로 해석한다.

13행 Scientists say **it** is ideal **to eat meals** *every four or five hours*.

· it은 가주어, to eat ~ hours가 진주어이다. 이때의 it은 '그것'으로 해석하지 않는다.

· 〈every + 수사 + 명사〉에서 수사가 2 이상일 때 명사는 복수형이 온다.

cf. every one hour: 한 시간마다, every two years: 2년마다

focus On Sentences

p.092

A **1** 그 이유는 그것들 안에 많은 당분이 있기 때문이다.

2 이 회사들은 그들의 고객들을 속이는 방법을 정말로 안다.

3 그것은 팔찌처럼 생겼으며 그 안에 작은 영사기가 들어있다.

4 과학자들은 네다섯 시간마다 식사를 하는 것이 이상적이라고 말한다.

B **1** If you <u>want to see the screens</u>, you must look at them closely.

2 With this invention, you can <u>turn your skin into a touchscreen</u> anytime, anywhere.

3 It <u>helps your brain work well</u>.

C **1** This cool invention <u>is</u> almost <u>ready</u> <u>to</u> sell.

2 They had to <u>protect</u> the Leningrad Seedbank <u>from</u> the Germans.

3 When you <u>skip</u> <u>a</u> <u>meal</u>, the sugar in your blood <u>goes</u> <u>down</u>.

Words & Phrases

A

1 toy	**2** 수송하다	**3** way	**4** 개발하다	**5** usually	**6** 불평하다
7 매일의	**8** 전문가	**9** soldier	**10** ~을 따라서	**11** 여행; 이동	**12** ~ 위에
13 old	**14** 100만	**15** river	**16** 정보	**17** 위험	**18** 요약하다
19 거의	**20** age	**21** 가득한; 완전한		**22** 마을	**23** doll
24 wall	**25** 우주선	**26** 확산; 확산되다		**27** 개선, 향상	**28** kid
29 desert	**30** ~을 가로질러		**31** character	**32** 꼭 맞다, 적합하다	
33 history	**34** 농업, 농사	**35** 걱정하는	**36** helpful	**37** huge	
38 (위험을) 무릅쓰다, 감수하다	**39** 많은		**40** later		

B

1 teach myself　　**2** become popular　　**3** as well as　　**4** go to school　　**5** because of

29 Nick D'Aloisio

> 정답　**1** (1) T (2) F　**2** ②　**3** ⑤　**4** spent his free time developing new apps
> **5** 인터넷에 많은 정보가 있지만 그 모든 정보를 읽고 얻는 데는 오랜 시간이 걸리는 것

지문 해석　Nick D'Aloisio(닉 댈로이시오)는 런던에 사는 고등학생이었다. 그는 컴퓨터 프로그램 만드는 것을 독학했다. 그는 또한 그의 여가 시간을 새로운 앱을 개발하며 보냈다. 열두 살에 그는 자신의 첫 번째 앱을 만들었고 그것은 하루에 100달러를 벌어들였다.

(B) 어느 날 그는 역사 시험 공부를 하기 위해 인터넷을 사용하고 있었다. 인터넷에는 많은 정보들이 있었다. 하지만 그 모든 정보를 읽고 얻는 데는 오랜 시간이 걸렸다. 그것은 Nick에게 아이디어를 주었다.

(C) 2011년, 열다섯 살 때 그는 Summly라고 불리는 앱을 만들었다. Summly는 각기 다른 웹사이트들로부터 뉴스 기사들을 찾아낸다. 그런 후 그 앱은 스마트폰 화면에 맞도록 기사를 요약한다. 이것은 기사 전체를 읽을 시간이 없는 사람들에게 도움이 된다.

(A) 불과 2년 후에 거대 인터넷 회사인 야후는 Nick으로부터 Summly를 사고 싶어했다. 그들은 그 대가로 그에게 3천만 달러를 지불했다. 이제 Nick은 아주 부유한 청년이다.

문제 해설　**1** (1) Nick은 독학으로 컴퓨터 프로그램을 만들었다. (2행)

(2) Nick이 개발한 첫 앱은 열두 살 때였고(3~4행), Summly는 그가 열 다섯 살에 개발한 앱이다. (12행)

2 글이 시간 순으로 전개되고 있으므로 일어난 순서에 맞도록 배열한다. 즉, 어느 날 기사 요약 앱에 대한 아이디어를 얻었고(B), 실제로 Summly를 개발해서 성공하자(C), 인터넷 회사 야후가 고액에 그 앱을 샀다(A)고 하는 것이 글의 흐름상 자연스럽다.

3 (C) 단락에 Summly 앱이 스마트 폰 화면에 맞게 기사를 요약해 준다는 내용이 나온다.

4 '~하며 시간을 보내다'는 〈spend + 시간 + -ing〉 구문을 사용한다.

5 바로 앞 두 문장의 내용을 가리킨다. 즉 인터넷에 많은 정보가 있지만 그 모든 정보를 읽고 얻는 데는 오랜 시간이 걸린다는 것이다.

구문 해설　**02행** He also **spent his free time developing** new apps.

• 〈spend + 시간 + -ing〉은 '~하며 시간을 보내다'라는 뜻이다.

08행 One day, he **was using** the Internet to study for a history exam.
- 〈was/were + -ing〉는 과거진행형으로 '~하고 있었다'라는 뜻이다. 〈am/are/is + -ing〉는 현재진행형으로서 '~하고 있다'라는 뜻이다.

09행 But **it took a long time to read and get** all the information.
- 〈it takes + 시간 + to-v〉는 '~하는 데 …의 시간이 걸리다'라는 뜻이다. 시제가 과거이므로 takes 대신 took이 쓰였다.

14행 This is helpful to **people** [**who** do not have time for the full articles].
- [ ]는 people을 수식하는 주격 관계대명사절이다.

30 The Action Figure

p.098

정답	**1** ①	**2** ②	**3** ⑤	**4** character	**5** action figures, dolls

지문 해석 슈퍼히어로에 관한 영화나 TV 프로들은 보통 액션피겨를 가지고 있다. 당신은 그것들 중 일부를 갖고 있을지도 모르겠다. 하지만 이것은 사실 새로운 유행이다.

첫 번째 액션피겨는 1960년대에 출시되었다. 그 당시에 한 장난감 회사는 남자 아이들을 위한 장난감 군인들을 몇 개 만들었다. 그 회사는 인형은 여자 아이들의 장난감이란 것을 알고 있었다. 그래서 그들은 남자 아이들이 장난감 군인들을 사려고하지 않을까 봐 걱정했다. 그렇지만 그들은 한 가지 아이디어가 있었다. 그들은 이 장난감을 인형이 아니라 액션피겨라고 부르기로 결정했다. 장난감 이름에 "액션"을 쓰는 것은 훌륭한 생각이었다. 남자아이들은 장난감 군인들을 가지고 노는 것을 좋아했고 그것들은 이내 큰 인기를 얻었다.

그 후 1977년에 영화 〈스타워즈〉가 개봉했다. 그 회사는 영화 속 모든 등장인물들의 액션피겨를 만들었다. 그들은 또한 다른 괴물들뿐 아니라 그 액션피겨들을 위한 우주선들도 만들었다. 그때부터 대부분의 슈퍼히어로와 액션 영화들은 그것들만의 액션피겨들이 딸려있어 왔다.

문제 해설 **1** 액션피겨가 처음 생겨난 배경을 설명하는 글이므로 ① '액션피겨의 탄생'이 가장 알맞다.
[문제] 글의 제목으로 알맞은 것은?
② 액션피겨: 어른들을 위한 장난감
③ 1970년대 인기 있었던 액션피겨들
④ 액션피겨 수집을 위한 지침
⑤ 슈퍼히어로에 바탕을 둔 몇몇 영화들

2 '회사는 인형은 여자아이들의 장난감이란 것을 알고 있었고, 그래서(So) 남자 아이들이 사지 않을까 봐 걱정했다'로 이어지는 것이 자연스러우므로 ②의 위치가 가장 알맞다.

3 액션피겨는 영화 속 등장인물들로 만든다고 했으므로 ⑤ '그것들은 대개 실존 인물들을 바탕으로 한다'는 글과 일치하지 않는다. (15~18행)
① 그것들은 1960년대에 처음 출시되었다.
② 첫 번째 액션피겨는 장난감 군인이었다.
③ 처음에 그것들은 남자아이들을 위해 만들어졌다.
④ 영화 〈스타워즈〉는 그 영화의 액션피겨들이 있다.

4 '영화나 연극, 이야기 속의 인물'을 뜻하는 단어는 character(등장인물)이다. (13행)
[문제] 다음 주어진 뜻을 가진 단어를 글에서 찾아 쓰시오.

5 남자아이들이 인형을 사지 않을 것을 우려해 장난감 군인을 인형 대신 액션피겨로 부르기로 했다는 내용이 나온다. (6~9행)

Q: 장난감 군인을 팔기 위해 장난감 회사는 무엇을 했나?

A: 그들은 장난감을 <u>인형</u> 대신 <u>액션피겨</u>로 불렀다.

구문 해설

01행 Superhero movies and TV shows **usually** have action figures.
- always(항상), often(종종), usually(보통), never(결코 ~ 아닌) 등의 빈도부사들은 일반동사의 앞, be동사나 조동사의 뒤에 온다.

06행 So they were worried that boys **would not** buy the toy soldiers.
- would는 종종 과거의 의지를 나타내어 '(기어코) ~하려 했다'라는 뜻을 나타낸다. would not은 '(도무지) ~하려 하지 않았다'의 뜻이다.

13행 They also made spaceships for the action figures **as well as** other monsters.
- 〈A as well as B〉는 'B뿐만 아니라 A도'라는 뜻으로 초점은 A에 있다. 〈not only A but also B〉는 'A뿐만 아니라 B도'라는 뜻으로 초점이 B에 있다.

15행 **Since** then, most superhero and action movies **have come** with their own action figures.
- 현재완료형인 〈have + p.p.〉가 since(~부터)나 for(~동안)와 함께 쓰이면 계속의 의미로 쓰인다. (지금까지 (계속) ~해왔다)

31 A Steel Cable Commute

p.100

정답 **1** ⑤ **2** ③ **3** (1) T (2) F **4** transport their products
5 ⓐ The steel cables ⓑ these children

지문 해석 어떤 어린이들은 학교까지 버스를 한참 타고 가고 또 다른 어린이들은 걸어간다. 그들은 불평할지도 모르지만 그것에 대해 행복해해야 한다.

콜롬비아의 한 작은 마을에 사는 아이들은 학교까지 매우 <u>무서운</u> 이동을 한다. 그들은 쇠줄을 미끄러져 내려간다. 그 줄들은 강 위 370미터에 있다. 게다가 그것들은 낡고 그다지 안전하지 않다. 어린이들은 매일 학교에 가기 위해 거의 1킬로미터 구간을 이 줄을 따라 미끄러져 간다. 그 쇠줄은 사람들이 옆 마을에 가는 유일한 방법이다. 따라서 어린이들이 그것들을 이용하는 유일한 사람들은 아니다. 농부들도 자신들의 생산품을 수송하기 위해 그것들을 이용한다.

다음에 당신이 버스를 타거나 걸어서 학교에 갈 때 이 어린이들에 대해 생각해보라. 학교에 가는 것은 그들에게 매일의 위험이다. 하지만 그들은 교육을 받기 위해 그 위험을 감수한다.

문제 해설 **1** 콜롬비아의 한 마을에 사는 어린이들이 매일 위험한 쇠줄을 타고 학교에 간다는 내용이므로 ⑤ '콜롬비아에서의 위험한 통학 길'이 가장 알맞다.
① 인기 있는 야외 스포츠
② 우리는 왜 학교에 가야 하는가
③ 학교에 가는 여러 다른 방법들
④ 콜롬비아의 유명한 휴양지

2 강 위 370미터 높이에 1킬로미터 길이의 쇠줄을 타고 다닌다면, 게다가 이 쇠줄이 낡고 안전하지 않다면 매우 ③ '무서운' 이동이 될 것이다.
① 재미있는 ② 짧은 ④ 지루한 ⑤ 신나는

3 (1) 어린이들이 학교까지 거의 1킬로미터의 쇠줄을 타고 간다는 내용이 나온다. (5~7행)

　(2) 쇠줄은 옆 마을에 가는 유일한 방법으로 아이들의 통학, 농부들의 생산품 수송 등 통상적인 교통수단으로 사용된다. (7~9행)

4 농부들이 생산품을 수송하기 위해 쇠줄을 이용한다는 설명이 나온다. (8~9행)

　Q: 농부들은 왜 쇠줄을 이용하는가?

　A: 그들은 자신들의 생산품을 수송하기 위해 그것들을 이용한다.

5 문맥상 ⓐ는 바로 앞 문장의 The steel cables, ⓑ는 바로 앞 문장의 these children을 가리킨다.

구문 해설

01행 **Some** kids *take a* long *bus ride* to school, and **others** walk.
　• some ~, others …는 다수의 무리 중 '어떤 사람들은 ~, 또 다른 사람들은 …'이라고 말할 때 쓴다.
　• take a bus ride는 '버스를 타고 가다'란 뜻이다.

07행 The steel cables are the only way **for people to get** to the next town.
　• 〈for + 명사(목적격) + to부정사〉는 '~가 …하는'의 의미이다. 이때 people은 to부정사의 의미상의 주어이다.

10행 **The next time** you take the bus or walk to school, think about these children.
　• the next time은 부사절 접속사로 '다음에 ~할 때'라는 뜻을 나타낸다.

12행 However, they **risk that danger** *to get educated*.
　• 〈risk + 목적어〉는 '~의 위험을 무릅쓰다, 감수하다'라는 뜻이다.
　• to get educated는 to부정사의 부사적 용법으로 목적을 나타내며 '교육을 받기 위해'라는 의미이다.

32 The Great Green Wall

p.102

정답　**1** ②　　**2** ④　　**3** ③　　**4** Africans need food, but food does not grow well in the desert

| Summary | growing, trees, Great Green Wall, farming

지문 해석　사하라 사막은 매년 5에서 15킬로미터 가량 확산된다. 이것은 큰 문제이다. 아프리카 사람들은 식량을 필요로 하지만 식량은 사막에서 잘 자라지 않는다. 하지만 녹색 장성이 아프리카 사람들을 도와줄지도 모른다. 그 아이디어는 사하라 사막을 가로질러 나무를 심는 것이다.

　한 영국 산림 전문가가 1952년에 이 아이디어를 생각해냈다. 그 후에 이 아이디어는 2005년에 인기를 얻기 시작했다. 11개의 아프리카 국가들이 나무 장벽을 짓기 시작했다. 예를 들어, 그 중 한 국가인 세네갈은 150킬로미터 길이에 나무를 심었다. 그것은 천이백만 그루 이상의 나무들이었다.

　좋은 소식은 그들이 이미 개선된 점을 볼 수 있다는 것이다. 이제 3천만 헥타르 이상의 땅이 농사에 적합하다. 아프리카 국가들은 540킬로미터의 벽을 세울 계획이다. 그들은 사하라 사막이 그 장벽 때문에 커지는 것을 멈출 거라고 희망한다. 그것은 상당히 큰 사업이나, 그렇지 않은가?

문제 해설　**1** 아프리카 국가들은 이 녹색 장성으로 인해 사하라 사막의 확산이 멈출 것이라 기대한다고 언급되어 있다. (12~13행)

2 11개국이 나무 장벽을 짓고 있다는 내용 뒤에 그 중 한 국가인 세네갈의 예가 나오므로 ④ '예를 들어'가 가장 알맞다.
　① 대신에　　② 하지만　　③ 게다가　　⑤ 다시 말해서

3 11개의 아프리카 국가들이 녹색 장성을 짓기 시작했다고 나온다. (6행)
　[문제] 글에 따르면, 녹색 장성에 관한 글의 내용과 일치하지 <u>않는</u> 것은?
　① 그것은 나무를 심어 벽을 만드는 것이다.
　② 그 안은 1952년에 처음 출현했다.

③ 10개국이 녹색 장성을 짓고 있다.

④ 세네갈은 그 사업의 회원국이다.

⑤ 그것은 아프리카 사람들을 도와주고 있다.

4 첫 단락에서 사하라 사막의 확산이 큰 문제라고 언급한 뒤, 아프리카 사람들에게 필요한 식량이 사막에서는 잘 자라지 않는다고 했다.

Q: 사하라 사막의 확산이 왜 큰 문제인가?

A: 아프리카 인들은 식량을 필요로 하지만 식량은 사막에서 잘 자라지 않기 때문에

| **Summary** |

<table>
<tr><td>나무들   커지는   농사   녹색 장성</td></tr>
</table>

사하라 사막은 커지고 있다. 일부 아프리카 국가들은 그것을 멈추게 하기 위해 나무들을 심어 벽을 만들고 있다. 이 사업은 녹색 장성이라고 불린다. 이제 더 많은 땅이 농사에 사용될 수 있다. 그러나 그들은 540킬로미터의 벽을 지을 때까지 계속해서 노력할 것이다.

구문 해설

03행 The idea is **to plant** trees across the Sahara Desert.
- to plant는 to부정사의 명사적 용법으로 be동사 뒤에서 주격보어 역할을 한다. 해석은 '심는 것'으로 한다.

09행 The good news is [**that** they can already see improvement].
- 문장의 동사 is 다음에 오는 보어절(that ~ improvement)에 주어 The good news의 내용이 설명되어 있다.

12행 They hope the Sahara will **stop getting** bigger *because of* the wall.
- 〈stop + -ing〉은 '~하던 것을 멈추다'란 뜻이다. 〈stop + to-v〉는 '~하기 위해 멈추다'란 뜻이다.
- 〈because of + 명사〉는 '~ 때문에'라는 뜻이다. *cf.* 〈because + 주어 + 동사〉

14행 It is quite a huge project, **isn't it?**
- isn't it?은 부가의문문으로 긍정문 뒤에는 부정의 부가의문문이, 부정문 뒤에는 긍정의 부가의문문이 온다. 부가의문문은 앞 문장에 대해 확인이나 동의를 구할 때 주로 쓴다.

focus **On** Sentences

p.104

Ⓐ **1** 그 모든 정보를 읽고 얻는 데는 오랜 시간이 걸렸다.

2 그 쇠줄은 사람들이 옆 마을에 가는 유일한 방법이다.

3 다음에 당신이 버스를 타거나 걸어서 학교에 갈 때, 이 어린이들에 대해 생각해보라.

4 그 아이디어는 사하라 사막을 가로질러 나무를 심는 것이다.

Ⓑ **1** He also spent his free time developing new apps.

2 Superhero movies and TV shows usually have action figures.

3 However, they risk that danger to get educated.

Ⓒ **1** He taught himself to write computer programs.

2 They also made spaceships for the action figures as well as other monsters.

3 They hope the Sahara will stop getting bigger because of the wall.

WORKBOOK ANSWER KEYS

A 1 depressed 우울한   2 appear 나타나다
   3 alone 혼자   4 enjoy 즐기다
   5 seed 씨, 씨앗   6 wild 야생의
   7 imagine 상상하다
   8 bully 괴롭히다, 왕따시키다

B 1 ④   2 ③

C 1 made fun of   2 gave away
   3 lead to

D 1 Jane can speak French.
   2 Can you see that sign over there?
   3 I cannot[can't] play the guitar very well.

E 1 is   2 are
   3 isn't   4 are

F 1 He looks very different from his brother.
   2 There is a girl named Cathy
   3 That song reminds me of my childhood.
   4 You don't need to go on a diet.

A 1 survive 살아남다   2 contact 연락하다
   3 stray 길 잃은, 주인 없는
   4 rescue 구조하다   5 measure 측정하다
   6 pour 붓다   7 result 결과
   8 entire 전체의

B 1 ③   2 ①

C 1 wait for   2 came up with
   3 cut down

D 1 That chicken looks delicious.
   2 Cigarette smoke smells terrible. I hate it!
   3 This milk tastes strange. I think it's old.

E 1 It is   2 it is
   3 There is   4 It's

F 1 upload your photos by clicking the link
   2 add some salt to the soup
   3 He took his new computer out of the box.
   4 It is getting hotter and hotter.

A 1 illegal 불법의   2 common 흔한
   3 myth 잘못된 통념   4 creature 생물
   5 explode 폭발하다   6 reach 도달하다
   7 harsh 혹독한   8 overnight 밤새

B 1 ②   2 ①

C 1 get shocked   2 make sense
   3 make a call

D 1 raining   2 watching
   3 coming   4 doing, studying

E 1 Listen to   2 Be nice
   3 Don't pick up

F 1 is worth $50
   2 while the teacher is talking
   3 without doing anything
   4 keep trying to become a great singer

A 1 throw 던지다   2 fountain 분수
   3 save 절약하다   4 come true 이루어지다
   5 tradition 전통   6 safe 안전한
   7 costume 의상, 복장   8 gym 체육관

B 1 ②   2 ②

C 1 works out
   2 have a huge impact on
   3 stand up for themselves

D 1 will open   2 are
   3 will you   4 I'll think

E 1 He may have a cold.
   2 It may be possible.
   3 They may not sell their house.
   4 Mike may not be home tonight.

F 1 That song makes me feel good.
   2 How about having lunch together?
   3 The video motivates me to lose weight.
   4 Yoga is good for both your body and mind.

A 1 empty 비어 있는   2 adult 성인
   3 create 창조하다   4 recycle 재활용하다
   5 feed 먹이를 주다   6 habit 습관
   7 manage 관리하다
   8 stressful 스트레스가 많은

B 1 ②   2 ①

C 1 takes care of   2 comes out
   3 throw away

D 1 opened   2 was
   3 had   4 moved

E 1 on   2 in
   3 at   4 on

F 1 think of their pets as family members
   2 I drink a glass of juice made from vegetables
   3 until he was 10 years old
   4 John was the first to ring the bell.

A 1 repeat 반복하다   2 insect 곤충
   3 scream 비명을 지르다 4 logger 벌목공
   5 ability 능력   6 prize 상
   7 tired 피곤한   8 tribe 부족

B 1 ②   2 ④

C 1 take part in   2 worry about
   3 was famous for

D 1 must   2 must not
   3 must not   4 must

E 1 makes me happy   2 make me angry
   3 make his house beautiful

F 1 neither of my questions
   2 It costs $20 to fix my laptop
   3 the man has the ability to cure people
   4 What did you do during the vacation?

A 1 secret 비밀의   2 jar 병, 단지
   3 leave 떠나다   4 upset 화나게 하다
   5 fuel 연료   6 invention 발명품
   7 trick 속이다   8 bracelet 팔찌

B 1 ②   2 ④

C 1 are pleased with   2 am ready to
   3 looks at

D 1 너는 공원에 가기를 원하니?
   2 내 친구는 의사가 되기를 희망한다.
   3 David는 테니스 동호회에 가입하기로 결심했다.

E 1 when I go jogging
   2 when you eat
   3 When she is bored

F 1 My friend looks like a model.
   2 The bus runs every ten minutes.
   3 I forgot how to speak Chinese.
   4 Sunglasses protect your eyes from the sunlight.

A 1 desert 사막   2 expert 전문가
   3 village 마을   4 daily 매일의
   5 huge 거대한   6 information 정보
   7 soldier 군인   8 spread 확산되다

B 1 ②   2 ④

C 1 taught himself   2 because of
   3 became popular

D 1 They usually open the store at 10.
   2 He is always at home on Sundays.
   3 I will never make the same mistake.

E 1 isn't it   2 is he
   3 doesn't it   4 can't you

F 1 I usually spend my free time playing sports.
   2 The toy is popular with adults as well as young children.
   3 It takes a long time to write a book.
   4 The next time you see me, tell me about your trip.

MEMO

MEMO

MEMO

\내신공략! 독해공략!/

내공 중학영어독해

- 재미있고 유익한 소재의 **32개 지문**
- 중등 영어교과서 **핵심 문법** 연계
- 내신 대비 **서술형 문항** 강화
- 어휘·문법·구문 복습을 위한 **워크북** 제공
- 내신 기출 유형으로만 구성된 **추가 문항** 제공

온라인 학습자료 www.darakwon.co.kr

- MP3 파일
- 단어 리스트
- 단어 테스트
- Dictation Sheet
- 지문 해석 Worksheet
- Final Test 8회

문제 출제 프로그램 voca.darakwon.co.kr

- 다양한 형태의 단어 테스트 제작·출력 가능

다락원 홈페이지에서 본 교재의 상세 정보와
MP3 파일 및 부가학습 자료를 이용하실 수 있습니다.

내공
중학영어독해

입문 **1**

Workbook

DARAKWON

UNIT 01 / REVIEW TEST

Vocabulary Practice

A 다음 영영풀이에 알맞은 단어를 골라 쓴 후 우리말 뜻을 쓰시오.

enjoy	bully	seed	depressed
appear	alone	wild	imagine

1 sad and unhappy _____ _____

2 start to be seen _____ _____

3 without anyone with you _____ _____

4 to have or experience with joy _____ _____

5 a small, hard part in a plant that can grow into a new plant _____ _____

6 living or growing in natural state _____ _____

7 to form a picture of something in your mind _____ _____

8 to frighten or hurt someone who is weaker than you _____ _____

B 밑줄 친 단어와 비슷한 의미의 단어를 고르시오.

1 We went to the beach and had a <u>pleasant</u> day there.
① special ② terrible ③ strange ④ enjoyable

2 Jake is always very <u>mean</u> to his little sister.
① nice ② friendly ③ unkind ④ strict

C 다음 문장의 빈칸에 들어갈 알맞은 말을 골라 쓰시오.

lead to	gave away	made fun of

1 I'm sorry I _____ you.

2 The man _____ balloons to kids.

3 Lack of sleep can _____ health problems.

D 다음 밑줄 친 부분을 어법에 맞게 고쳐 문장을 다시 쓰시오.

1 Jane <u>can speaks</u> French.

→ _____

2 <u>Can see you</u> that sign over there?

→ _____

3 I <u>can play not</u> the guitar very well.

→ _____

E 다음 ( ) 안에서 알맞은 것을 고르시오.

1 There (is, are) a rainbow in the sky.

2 There (is, are) some great restaurants near here.

3 There (isn't, aren't) any water in the bottle.

4 How many people (is, are) there in your family?

Writing Practice

F 우리말과 같은 뜻이 되도록 주어진 말을 바르게 배열하시오.

1 그는 그의 형과 매우 다르게 생겼다. (from, he, his, different, looks, brother, very)

_____

2 우리 반에는 Cathy라는 이름의 여자 아이가 있다. (girl, Cathy, named, is, there, a)

_____ in our class.

3 그 노래는 나에게 내 어린 시절을 생각나게 해.
(song, me, that, reminds, childhood, of, my)

_____

4 너는 다이어트를 하지 않아도 돼. (need, you, don't, go on a diet, to)

_____

Vocabulary Practice

A 다음 영영풀이에 알맞은 단어를 골라 쓴 후 우리말 뜻을 쓰시오.

measure	stray	survive	entire
pour	contact	rescue	result

1 to continue to live _____ _____

2 to call or to write to someone _____ _____

3 lost or having no home _____ _____

4 to save someone from danger _____ _____

5 to find the exact size, amount, speed, etc. _____ _____

6 to move a liquid from one container to another _____ _____

7 something caused by something else _____ _____

8 all; 100% _____ _____

B 밑줄 친 단어와 비슷한 의미의 단어를 고르시오.

1 You need a special tool to draw a <u>perfect</u> circle. You cannot do it with your hand.

① huge   ② special   ③ complete   ④ smooth

2 Do you have any good <u>method</u> to fix this problem?

① way   ② action   ③ effort   ④ reason

C 다음 문장의 빈칸에 들어갈 알맞은 말을 골라 쓰시오.

came up with	cut down	wait for

1 Don't _____ me for dinner. I'll be late.

2 She _____ an idea to help the children.

3 An axe is a tool used to _____ trees.

D 다음 밑줄 친 부분을 어법에 맞게 고쳐 문장을 다시 쓰시오.

1 That chicken <u>looks deliciously</u>.

→ _____

2 Cigarette smoke <u>smells terribly</u>. I hate it!

→ _____

3 This milk <u>tastes strangely</u>. I think it's old.

→ _____

E 다음 ( ) 안에서 알맞은 것을 고르시오.

1 Look! (There is, It is) snowing outside.

2 I can't believe (they are, it is) Monday again already!

3 (There is, It is) an interesting TV program tonight.

4 (There's, It's) 8:00. We are late for the bus!

F 우리말과 같은 뜻이 되도록 주어진 말을 바르게 배열하시오.

1 당신은 아래 링크를 클릭함으로써 사진을 업로드 할 수 있다.
(clicking, by, the link, your photos, upload)

You can _____ below.

2 수프에 소금을 좀 넣어 주세요. (salt, add, to, some, the soup)

Please _____ .

3 그는 상자에서 새 컴퓨터를 꺼냈다. (took, new, his, the box, computer, out of, he)

_____

4 날씨가 점점 더워지고 있다. (is, and, hotter, getting, hotter, it)

_____

UNIT 03 / REVIEW TEST

A 다음 영영풀이에 알맞은 단어를 골라 쓴 후 우리말 뜻을 쓰시오.

myth	reach	common	overnight
creature	illegal	harsh	explode

1 not allowed by the law

_____ _____

2 happening often

_____ _____

3 something that many people believe, but is not true

_____ _____

4 anything that lives except plants

_____ _____

5 to burst with a loud noise

_____ _____

6 to arrive somewhere

_____ _____

7 difficult to live in

_____ _____

8 for or during the night

_____ _____

B 밑줄 친 단어와 비슷한 의미의 단어를 고르시오.

1 Too much sunlight can <u>damage</u> your skin.

① help　　　② harm　　　③ charge　　　④ improve

2 French fries are very <u>delicious</u> but unhealthy.

① tasty　　　② fresh　　　③ popular　　　④ expensive

C 다음 문장의 빈칸에 들어갈 알맞은 말을 골라 쓰시오.

make sense	get shocked	make a call

1 Don't touch that wire! You'll _____.

2 His explanation doesn't _____ to me.

3 You can use my phone to _____, if you want.

D 다음 ( ) 안의 동사를 알맞은 형태로 고쳐 쓰시오.

1 It is _____ now, so take your umbrella. (rain)

2 They are _____ TV in the living room at the moment. (watch)

3 Look! The bus is _____. (come)

4 A: What are you _____? (do)
B: I am _____ for the exam. (study)

E 우리말과 같은 뜻이 되도록 ( ) 안의 말을 이용하여 문장을 완성하시오.

1 새소리를 들어 봐! 나무에서 노래하고 있어. (listen to)

_____ the birds! They're singing in the trees.

2 네 남동생에게 잘해 주렴. (nice)

_____ to your little brother.

3 그 깨진 유리를 줍지 마. 베일지도 몰라. (pick up)

_____ that broken glass. You might cut yourself.

Writing Practice

F 우리말과 같은 뜻이 되도록 주어진 말을 바르게 배열하시오.

1 1그램의 금은 50달러의 가치가 있다. (worth, is, $50)

One gram of gold _____.

2 선생님이 말하고 있는 동안에는 조용히 해라. (is, teacher, while, talking, the)

Be quiet _____.

3 그는 아무것도 하지 않고 벤치에 앉아 있다. (without, anything, doing)

He is sitting on the bench _____.

4 나는 훌륭한 가수가 되기 위해 계속 노력할 것이다.
(trying, a, become, to, keep, singer, great)

I will _____.

Vocabulary Practice

A 다음 영영풀이에 알맞은 단어를 골라 쓴 후 우리말 뜻을 쓰시오.

| safe | gym | throw | fountain |
| save | tradition | come true | costume |

1 to send something through the air _____ _____

2 a structure that sprays water into the air _____ _____

3 to use less money, time, energy, etc. _____ _____

4 to become real _____ _____

5 a very old custom, belief, or story _____ _____

6 not causing harm _____ _____

7 clothes that performers wear in a play, film, etc. _____ _____

8 a building or place with equipment for doing exercises _____ _____

B 밑줄 친 단어와 비슷한 의미의 단어를 고르시오.

1 The hotel <u>offers</u> you free breakfast every morning.
① asks   ② gives   ③ brings   ④ teaches

2 <u>In fact</u>, I don't believe him at all.
① So   ② Actually   ③ Of course   ④ However

C 다음 문장의 빈칸에 들어갈 알맞은 말을 골라 쓰시오.

| works out | stand up for themselves | have a huge impact on |

1 John _____ every day to keep in shape.

2 Books can _____ our lives.

3 Sometimes children need to learn to _____.

D 다음 ( ) 안에서 알맞은 것을 고르시오.

1 She (will open, opens) up a new café next year.

2 There (will be, are) lots of festivals every summer.

3 What (will you, do you) do after you graduate?

4 (I'll think, I think) about it and let you know tomorrow.

E may를 사용하여 다음 문장을 추측의 의미를 나타내는 문장으로 바꾸어 쓰시오.

1 He has a cold.　　　　　→ _____

2 It is possible.　　　　　→ _____

3 They don't sell their house.　→ _____

4 Mike is not home tonight.　→ _____

Writing Practice

F 우리말과 같은 뜻이 되도록 주어진 말을 바르게 배열하시오.

1 그 노래는 나를 기분 좋게 만든다. (makes, song, feel, me, that, good)

_____

2 함께 점심 먹는 게 어때? (together, having, how, lunch, about)

_____

3 그 동영상은 내가 살을 빼도록 동기를 부여한다.
(motivates, video, weight, to, the, me, lose)

_____

4 요가는 당신의 몸과 마음에 모두 좋다. (good, yoga, your, both, body, mind, and, is, for)

_____

Vocabulary Practice

A 다음 영영풀이에 알맞은 단어를 골라 쓴 후 우리말 뜻을 쓰시오.

adult	habit	recycle	stressful
create	empty	feed	manage

1 have nothing inside _____ _____

2 a full-grown person _____ _____

3 to make something new _____ _____

4 to use something again _____ _____

5 to give food to a person or an animal _____ _____

6 something that you do usually or regularly _____ _____

7 to deal successfully with a difficult situation _____ _____

8 causing a lot of pressure or worry _____ _____

B 밑줄 친 단어와 비슷한 의미의 단어를 고르시오.

1 Scientists say they <u>discovered</u> a new planet.

① made　　② found　　③ tested　　④ researched

2 She likes to read stories about <u>real</u> people, not fictional people.

① actual　　② ancient　　③ modern　　④ sensitive

C 다음 문장의 빈칸에 들어갈 알맞은 말을 골라 쓰시오.

comes out	throw away	takes care of

1 My mother _____ me when I'm sick.

2 The new James Bond movie _____ this April.

3 Just _____ the box. We won't use it.

D 다음 ( ) 안의 말을 이용하여 문장을 완성하시오.

1 Jane _____ a new restaurant last month. (open)

2 My brother _____ a high school student in 2007. (be)

3 We _____ a huge pizza for dinner yesterday. (have)

4 My best friend _____ to New York two years ago. (move)

E 다음 밑줄 친 부분을 어법에 맞게 고쳐 쓰시오.

1 My birthday is <u>at</u> September 15.   _____

2 I often go to the beach <u>on</u> summer.   _____

3 My sister always comes home <u>in</u> 4 p.m.   _____

4 What are you going to do <u>at</u> Sunday?   _____

Writing Practice

F 우리말과 같은 뜻이 되도록 주어진 말을 바르게 배열하시오.

1 많은 사람들이 그들의 애완동물을 가족으로 생각한다.
(of, their, as, family members, pets, think)

Many people _____ .

2 매일 아침, 나는 야채로 만든 주스 한 잔을 마신다.
(from, a glass of, drink, vegetables, made, I, juice)

Every morning, _____ .

3 그는 10살 때까지 런던에 살았다. (he, 10 years, until, was, old)

He lived in London _____ .

4 John은 그 종을 울린 첫 번째 사람이었다. (the bell, was, ring, John, the first, to)

_____

Vocabulary Practice

A 다음 영영풀이에 알맞은 단어를 골라 쓴 후 우리말 뜻을 쓰시오.

ability	insect	tribe	repeat
logger	scream	prize	tired

1 to do something again _____ _____

2 a small animal that has six legs _____ _____

3 to make a loud, high cry _____ _____

4 someone whose job is to cut down trees _____ _____

5 the state of being able to do something _____ _____

6 something given to someone for winning _____ _____

7 needing to rest or sleep _____ _____

8 a group of people of the same race, language, _____ _____
and customs

B 밑줄 친 단어와 비슷한 의미의 단어를 고르시오.

1 Fruits <u>such as</u> grapes and watermelons are popular in summer.

① for ② like ③ with ④ about

2 I can remember his name because it is so <u>unique</u>.

① regular ② common ③ painful ④ unusual

C 다음 문장의 빈칸에 들어갈 알맞은 말을 골라 쓰시오.

worry about	was famous for	take part in

1 Sam will _____ a spelling contest tomorrow.

2 I often _____ my test scores in math class.

3 Michael Jackson _____ his singing and dancing.

D 다음 ( ) 안에서 알맞은 것을 고르시오.

1 An ice hockey player (must, must not) wear a helmet.

2 You (must, must not) drive fast in a school zone.

3 You (must, must not) open the car door while you are driving.

4 In a marathon, runners (must, must not) run 42.195 km.

E 우리말과 같은 뜻이 되도록 ( ) 안의 말을 이용하여 문장을 완성하시오.

1 그들의 음악은 나를 기분 좋게 만든다. (happy)

Their music _____.

2 네가 소리 내서 먹으면, 나를 화나게 만들어. (angry)

You _____ when you eat loudly.

3 그의 집을 아름답게 만들기 위해, Jeff는 많은 꽃을 심었다. (beautiful)

To _____, Jeff planted a lot of flowers.

Writing Practice

F 우리말과 같은 뜻이 되도록 주어진 말을 바르게 배열하시오.

1 그는 내 질문들 중 어느 것에도 대답하지 않았다. (questions, of, my, neither)

He answered to _____.

2 그 상점에서 내 노트북을 고치는 데는 20달러가 든다. (costs, fix, laptop, $20, it, to, my)

_____ at the shop.

3 영화에서, 그 남자는 사람을 치유하는 능력을 가지고 있다.
(to, has, the ability, the man, people, cure)

In the movie, _____.

4 너는 방학 동안 무엇을 했니? (vacation, do, you, what, the, did, during)

_____

UNIT **07** / REVIEW TEST

A   다음 영영풀이에 알맞은 단어를 골라 쓴 후 우리말 뜻을 쓰시오.

jar	fuel	trick	bracelet
secret	leave	upset	invention

1   known about by only a few people _____ _____

2   a glass container used for storing food _____ _____

3   to go away from a person or a place _____ _____

4   to make someone feel angry _____ _____

5   any material that produces heat or energy _____ _____

6   something created for the first time _____ _____

7   to make someone believe something that is not true _____ _____

8   a band or chain that you wear around your wrist _____ _____

B   밑줄 친 단어와 비슷한 의미의 단어를 고르시오.

1   The number of cars in the city is increasing <u>rapidly</u>.
　　① closely　　② quickly　　③ recently　　④ interestingly

2   This resort is an <u>ideal</u> place for a holiday.
　　① tiny　　② busy　　③ secret　　④ perfect

C   다음 문장의 빈칸에 들어갈 알맞은 말을 골라 쓰시오.

looks at	am ready to	are pleased with

1   Jeff and Diana _____ their new car.

2   I finished all my homework, and now I _____ go out.

3   When I wear funny clothes, everyone _____ me.

D 다음 문장을 to부정사의 사용에 유의하여 우리말로 해석하시오.

1 Do you want to go to the park?

→ _____

2 My friend hopes to become a doctor.

→ _____

3 David decided to join the tennis club.

→ _____

E 우리말과 같은 뜻이 되도록 (   ) 안의 말을 이용하여 문장을 완성하시오.

1 나는 조깅하러 갈 때 러닝화를 신는다. (go jogging)

I wear running shoes _____.

2 밥을 먹을 때는 큰 소리를 내지 마라. (eat)

Do not make loud noise _____.

3 그녀는 지루할 때 친구들에게 전화를 건다. (be bored)

_____, she calls her friends.

Writing Practice

F 우리말과 같은 뜻이 되도록 주어진 말을 바르게 배열하시오.

1 내 친구는 모델처럼 보인다. (model, like, friend, looks, my, a)

_____

2 그 버스는 10분마다 운행한다. (the, ten, bus, every, runs, minutes)

_____

3 나는 중국어 말하는 법을 잊어버렸다. (forgot, to, Chinese, how, I, speak)

_____

4 선글라스는 햇빛으로부터 당신의 눈을 보호한다.

(protect, from, sunglasses, eyes, the sunlight, your)

_____

UNIT 08 / REVIEW TEST

A 다음 영영풀이에 알맞은 단어를 골라 쓴 후 우리말 뜻을 쓰시오.

soldier	expert	daily	information
desert	village	huge	spread

1 a large area of land with little rainfall and few plants _____ _____

2 someone who has special knowledge or skills _____ _____

3 a small town in the countryside _____ _____

4 done or happening every day _____ _____

5 very large in size _____ _____

6 facts about something or someone _____ _____

7 someone who is a member of an army _____ _____

8 to gradually affect or cover a larger area _____ _____

B 밑줄 친 단어와 비슷한 의미의 단어를 고르시오.

1 A ruler is <u>helpful</u> when you draw lines.

① short　　② useful　　③ popular　　④ common

2 It took a long time to <u>develop</u> the program.

① use　　② help　　③ give　　④ make

C 다음 문장의 빈칸에 들어갈 알맞은 말을 골라 쓰시오.

because of	taught himself	became popular

1 He _____ to speak English.

2 Jane could not keep the promise _____ her sister.

3 The actors and actresses _____ after the movie.

D 다음 (   ) 안의 빈도부사를 알맞은 곳에 넣어 문장을 다시 쓰시오.

1 They open the store at 10. (usually)

→ _____

2 He is at home on Sundays. (always)

→ _____

3 I will make the same mistake. (never)

→ _____

E 다음 빈칸에 알맞은 부가의문문을 쓰시오.

1 The weather is nice, _____?

2 John is not a big fan of K-pop, _____?

3 The red car looks expensive, _____?

4 You can teach me how to ride a bike, _____?

Writing Practice

F 우리말과 같은 뜻이 되도록 주어진 말을 바르게 배열하시오.

1 나는 주로 내 여가 시간을 운동을 하며 보낸다.
(my, free, usually, sports, time, I, spend, playing)

_____

2 그 장난감은 어린 아이들뿐만 아니라 성인들에게도 인기가 있다.
(is, the toy, popular, adults, children, as well as, with, young)

_____

3 책 한 권을 쓰는 데는 오랜 시간이 걸린다. (a book, to, takes, it, a long time, write)

_____

4 다음에 날 만나면, 나에게 네 여행에 대해 말해 줘.
(you, your, me, see, about, the next time, trip, me, tell)

_____

MEMO

MEMO

MEMO

MEMO